勝間式

「利益の方程式」

商売は粉もの屋に学べ!

勝間和代
経済評論家・公認会計士

東洋経済新報社

はじめに

　この本は、**「利益の生み出し方」について悩んでいるビジネスパーソンに捧げる本**です。本書には、私のこれまでの会計士、経営コンサルタント、そして証券アナリストとして得てきた知見をすべて集約しました。一人でも多くの方が利益創出の悩みから解き放たれ、より整ったワークライフバランスを実現することが、本書の最大の目的です。

　今、国内市場の成熟化を背景に**「利益の生み出し方」が、トップマネジメントだけではなく、中間管理職や現場の社員にまで求められる時代**になっています。

　ところが、世の中にセールスや商品開発の名著はたくさんあり、また決算書の読み方に関する良書もたくさんあるにもかかわらず、「利益をどうやって増やすか」という視点から書かれた本は、翻訳書にはちらほらあるものの、和書では意外なくらい少ないのが実態です。試しに、オンライン書店で「利益」というキーワードで本を検索したり、店頭で眺めたりしてみてください。正直、「これぞ！」という本には、なかなかたどり着けないのではないかと思います。

　それもそのはずで、利益の概念がすべての社員に必要とされるようになったのは、日本では、バブル崩壊以降の低成長時代になったここ10年くらいのこと。したがって、形式知として流通するような汎用的なノウハウが、まだ十分に現場に蓄積されていないのが実情なのです。そして、そのノウハウは2000年以降になって、急に求められるようになりました。

私はマッキンゼーやアンダーセンでの経営コンサルタントとしての経験が通算10年以上あり、さまざまな企業の現場で数多くのプロジェクトに参加する機会がありました。その経験を通じて、**ほとんどのクライアント企業の経営課題は突き詰めると、「いかにして利益を増やすか」ということに行き着く**ことを知らされました。新規ビジネス開発も、原価管理も、営業店管理も、M&Aも、さまざまなことが行われてきましたが、究極の目的は利益を増やすことでした。

このような経営コンサルタントとして、あるいは証券アナリストや投資家として、利益の生み出し方について、試行錯誤を重ねながらも、さまざまな経営者やエキスパートの方とディスカッションを行い、統合的に分析や思考を重ねる機会を多く持ち、結果としてある程度汎用的で再現性がある形で、利益を生み出す方法を獲得できたと考えています。そして、その経験を余すことなくまとめたのが本書です。

もっとも、私がこれから説明する手法が信頼できるか否か、半信半疑の読者の方もいらっしゃるかと思いますので、守秘義務に反せずに公開できる範囲で実績を説明します。また自慢話かとうんざりされる方もいらっしゃるとは思いますが、やはり、実績がないと信用ができないのは人間の常だと思いますので、少々我慢して、私の実績紹介におつきあいください。

- **経営コンサルタントとして、複数のクライアント企業の主力ビジネスの研究開発費や販売手数料、サービスの値付けなどについて課題を分析、ビジネスモデルの変革を提案し、実行に至る。結果、年間数百億円単位の利益インパクト創出に貢献**
- **経営コンサルタントとして、複数のクライアント企業の新規ビジネスの立ち上げをサポート。商品コンセプト、販売チャネル、顧客獲得方法からテストマーケティングまでサポート。結果、数十億円規模のビジネスの立ち上げに貢献**
- **証券アナリストとして、とくにネット系の新興企業のビジネスモデルの分析に強みを持ち、担当セクター（通信・メディア・インターネット）の株式の割安・割高を分析、2006年のネット企業の業績悪化をいち早く予見**
- **2007年1月に経済評論家として独立後、『無理なく続けられる 年収10倍アップ勉強法』（ディスカヴァー・トゥエンティワン）、『お金は銀行に預けるな――金融リテ**

ラシーの基本と実践』（光文社）、『効率が10倍アップする新・知的生産術——自分をグーグル化する方法』（ダイヤモンド社）など、出版社と共にメディアへのパブリシティ、口コミなどの戦略に関与し、再現性ある形で1年以内に複数の書籍を20万部以上のヒットとして、各出版社の売上・利益に貢献

これらの実績の背景には、マッキンゼーやアンダーセンで学んだことをベースにして、クラアント企業や自分の勤めてきた企業で得てきた仮説を検証し、新しくフレームワークを創り、さらにもう一度、それを現場で試してみるという繰り返しを、これから説明する**勝間式「万能利益の方程式」**を軸に実行してきたことがあります。

利益の生み出し方について、私が試行錯誤しながら得てきたものと同じような視点・軸を共有していただければ、この本を読んでくださったみなさんも、再現性を持って、利益を実務で生み出せるようになると確信しています。

そして、健全な利益を現場で、企業で生み出せるようになることが、私のライフワークとして考えている、ワークライフバランス社会の実現、すなわち、必要以上に私たち労働者が長時間働かなくてもいい社会につながると考えています。**なぜなら、儲かっている会社、職場ほど、無理な働き方をする必要がないからです**。利益が小さい、すなわち、付加価値が低いために、そのしわ寄せを労働者に寄せて、長時間労働につながるような働き方になっている現状を、この本が少しでも差し止められ、緩和でき、改善することができたらいい、と考えています。そのためには、私が得てきたノウハウは包み隠さず、本書にまとめていくつもりです。

ぜひ、これから一緒に、一つずつ、「利益の生み出し方」を学んでいきましょう。

勝間 和代

2008年2月

CONTENTS

第2章 利益はどう計算するのか
慣れればカロリー計算のようなもの

第3章 利益を上げる方程式の解き方

第8章 明日からできる行動習慣

利益の増やし方をどうやって身につけていくか

写真◉熊倉徳志
イラスト◉上杉久代

勝間式「万能利益の方程式」

利益＝

顧客当たり　顧客当たり　　　　顧客当たり
（単価－獲得コスト－原価）× 顧客数

原則1 顧客単価を1円でもバカにせずにコツコツと引き上げ、戦略のない値下げはしない

原則2 しっかりと顧客獲得コストを計算して、口コミ等、なるべく顧客獲得コストが安くなるチャネル・手法を活用する

原則3 コスト改善を地道に行って、かけるべきところにはコストをかけながら、全体コストを引き下げる

原則4 顧客の普及率に伴ったステージを意識し、市場と対話をしながら、施策のメリハリをつける

利益を増やすコツ

第1章

なぜ、利益の概念が必要なのか

売上ノルマでは不十分になった現在の日本の経済環境

これまで、私は会計士、経営コンサルタント、証券アナリストおよび経営者として計18年間、いろいろな会社の経営管理手法をさまざまな立場から観察・分析・実行してきました。そして、経営上の課題としてつくづく感じてきたことは、多くの日本企業では、マネジメントや営業の社内の評価基準が「売上」、あるいは売上の代替となるボリューム指標（たとえば契約数や販売台数、販売戸数など）にとどまっていることです。すなわち、**売上を上げるために利益を度外視して、無理な働き方や、必要もない仕事を作ってしまっている**のです。

目標値は売上に限らず、市場シェアや販売数量であるケースもありますが、とくに目標管理を現場の第一線において「利益」という観点から立てている会社は少数派であり、監査やコンサルティング、企業価値評価などで私が関わってきた数百にのぼる会社の中でも、現場レベルまで利益の指標が行き届いているのは10社に1社あるかないかという割合でした。

もちろん、多くの会社が「ボリュームからバリューへ」などの標語を掲げて、経営陣と

かつては「売上増は七難隠す」だった

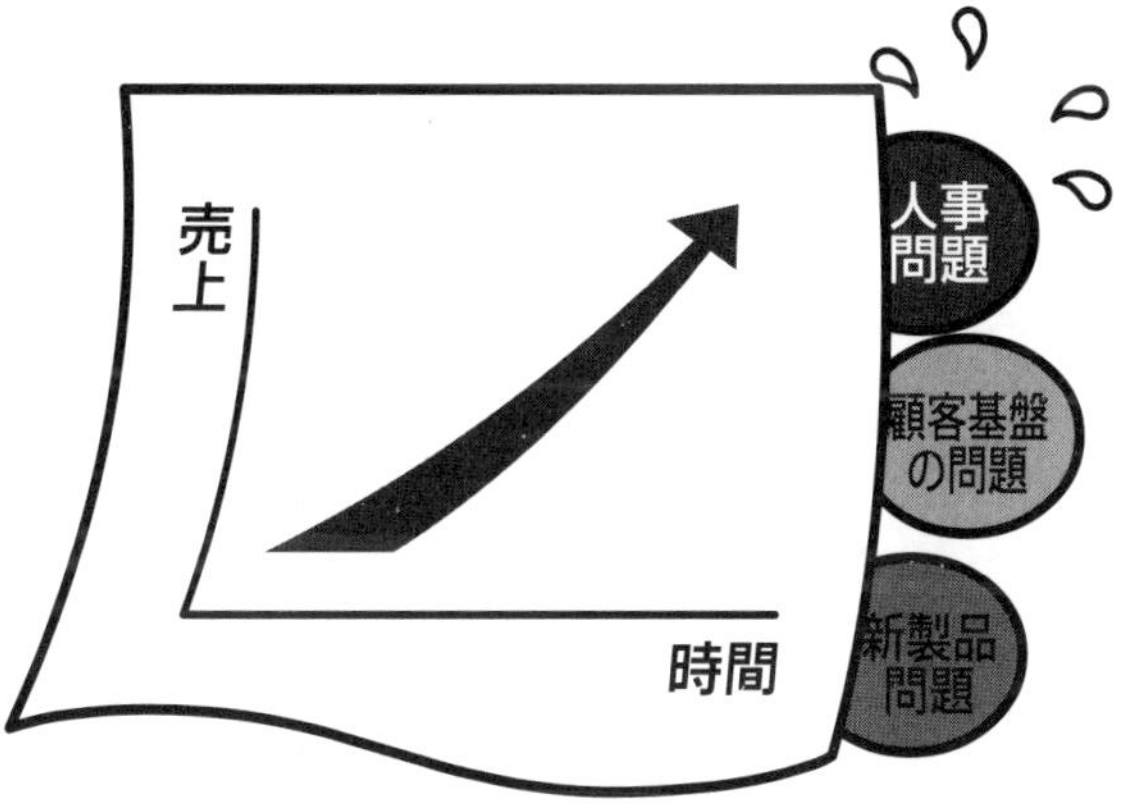

しては利益管理に移らなければならないということは頭では理解していますが、これを組織の末端レベルまで浸透させる段階には、ほとんど至っていないのが現状です。

では、なぜ「売上」で目標管理をする会社が現状でも大多数なのでしょうか。それは、これまで、売上のみを管理することで十分利益が上がり、管理方法もその方が簡単だったからです。とくに企業や経済の成長期においては、売上の増大はそのまま利益の増大につながっていました。

私が経営コンサルタントだった頃、何十年も経営コンサルティングをしている諸先輩たちから繰り返し教えられたのは**「売上増は七難隠す」**という言葉でした。すなわち、売上が伸びている限り、多くの会社には人事問題も、新製品問題も、顧客基盤の問題も、生じにくいということです。

「売上増は七難隠す」ということを日本全体に置き換えて考えてみると、バブル崩壊以前のように、名目GDPが年当たり5％も10％も上がって、どのような会社でも実感できる速度で、どんどん売上が上昇する時期がありました。この頃までは、「売上を上げると、後から利益がついてきた」という経験則がマネジメントにもあり、実際にそれでよかったのです。なぜなら、作った後にどんどんと在庫の価格が下がるようなデフレもないですし、売上が伸びているということは需要も増えているということなので価格競争も生じにくい状況です。

すなわち、売上が増えている状況ではいかに他社よりも早く供給量を増やして、シェアを上げ、規模の利益を獲得するかということに集中して、あまり複雑なことを考えない方が、管理効率がよかったのです。なぜなら、従業員一人ひとりに「利益のことも考えろ」なんて言うと、管理する指標も複雑になり、各人がどのように行動したらいいのか、組織の方向もぶつかりがちになります。だからこそ、「売上をとりあえず上げろ。シェアをとりあえず上げろ」とハッパをかければ、経営者や管理職は目標が達成できていました。

さらに、日本は製造業が産業の中心だったことも、売上高重視の管理手法の背景にあります。製造業ではよほどのことがない限り、直接コストを売上高が下回ることはまれなため、売上が上がるほど、あるいは製造量を増やすほど、製品原価が低減する可能性が高いのです。製造業はおおむね、追加的に１００を売り上げたとすると、原材料費や輸送費などで直接かかるコストがだいたい40～60ですので、売上が上がるほど限界利益が増えていきます。限界利益は固定費を回収し終えた後はそのまま利益につながりますので、損益分岐点を超える売上を作ることは、製造業にとっては至上命題だったのです。

なぜ製造業は限界利益が高いのかと言いますと、複雑な製造工程が必要なものほど、機械の導入や開発などによる固定費が高いためです。また、生産品目も絞られていますので、売上を増やせばとりあえず費用が低減するのです。

私は証券アナリスト時代、携帯電話など通信会社およびそのバリューチェーンの株式の分析を担当していましたが、携帯電話会社のビジネスモデルでなるほどと思ったのが、「設備投資に数兆円もかけて、回収は10円玉を少しずつ拾うようなビジネス」という、当時の社長の言葉でした。全国に無線基地局を張りめぐらせるには、１社当たり数兆円のコストがかかります。ところが、お客から回収できるのは通話料を10円単位で回収するしかありません。

そうすると、このような、設備投資がかかるうえ回収には時間がかかるビジネスは、実際に実行できる人がとても限られるため、最初の参入時こそ大変ですが、参入した後の通話料に対する限界利益はとても高くなります。あるいは、規制によって保護をしないと、誰もこのようなビジネスには参加しません。したがって、携帯電話会社は免許制になっているのです。

その結果、携帯電話会社にとってお客様が追加的に払う通話料は、追加的な設備投資を必要としない範囲であれば、チャリンチャリンと鳴る10円、20円の通話料がほとんどそのまま、携帯電話会社の利益になります。だからこそ、携帯電話会社はどれだけ電話を使ってもらうか、何分使ってもらうかということに大きなエネルギーを使うのです。

もちろん、長期の視点では、お客様の通話料が増えると基地局の数を増やす、回線を太くするなどのコストが生じてしまいますが、それでも、短期的な視点では、コストの削減よりは、「いかに契約数を増やすか」「いかに1人当たりの通話料金を増やすか」ということに経営の主軸が向かっていたのは無理のないことでしょう。

しかし、ここ1~2年、携帯電話会社のビジネスモデルは変調をきたしています。ソフトバンクの参入により価格競争も激しくなり、かつ、20代や30代の人はもうほとんどが携帯電話を持ってしまっているため、ようやくコストについての意識も高くなり、管理の必要性が高まってきました。携帯電話会社も、だんだんとふつうのビジネスになってきたのです。

もっとも、ソフトバンクという会社自体も会社として儲けているというよりは、どんどん新しいビジネスに参入することによって資金調達と同時に業態を拡大し、顧客価値は生み出していますが、株主価値を生み出しているかというとまだ疑問なところがあります。ただ、今はまだ成長途上の会社ですので、結果はあと10年後とかでないとわからないでしょう。儲けという観点からも、これからの動きを注視していきたい会社の1つです。

また、製造業以外のサービス業についても同様で、市場が拡大している時期においては、小売業であれば店舗をできるだけ拡大する、サービス業であればなるべく多くの人員を雇って、なるべく多く受注することで、利益を伸ばすことができました。しかし、市場が拡大してくると、悪い立地条件の店舗しかだんだんと残らないようになりますし、サービス業も同様に採算の悪い案件しか取れなくなってきます。

すなわち、**市場が飽和し、売上の伸びが鈍化してくると、必ず競争が激しくなってくるため、必ずしも売上高が利益に結びつかないことが増えてくる**わけです。そして、残念ながら、**日本におけるほとんどの市場は、飽和状態**です。

飽和状態になると、価格競争も厳しくなるほか、製品やサービスの品数・種類も増えてきます。売っているものの種類が少ない時には、あまり無駄なコストが生じにくいため、売上が利益に直結するのですが、品数が多くなってくると、売れていないものが下手に少しだけ売れてしまったり、あるいは本当はやめたいサービスがだらだらと続いたりするため、売上の何倍もコストがかさんでしまうことがまれではありません。

よって、これまでは大半のビジネスが「売上ノルマ」、すなわち売上高いくら、製品何個、サービス顧客何人、市場シェアXパーセント、という形でよかったのが、売上高の拡大余地の小さいビジネスが大部分になった、今の国内向けのほとんどのビジネスは管理指標を「売上ノルマ」から「利益ノルマ」に変えないといけない環境になりました。

わかっているのになぜ「利益ノルマ」がなかなか浸透しないのか

ここで、実際に現場で売上ノルマを持っている読者の多くは、大きな疑問があると思います。それは、企業自体が決算対策上、あるいは株主や債権者から「売上ではなく利益をもっと出してくれ」と言われているにもかかわらず、なぜ、現場ではいまだに、売上主義、シェア主義になっているのかということです。

その大きな理由としては、**利益ノルマを管理するための「マネジメントシステム」が現場に不足している**ことがあげられます。たとえば、トヨタの生産管理システムにはカンバンという方式があって、初めて現場でも利益の管理を実現していますが、日本では現場で日々、利益を管理できる手法は浸透していません。

もちろん、ＥＲＰ（Enterprise Resource Planning：企業資源計画ソフトウェア）もありますし、利益の社内管理システムも導入されています。多くの会社が月次決算を行っていて、月単位で利益が計算できるようになっていると思います。しかし、利益が計算できるということと、利益が行動規範になって、各現場の人がその行動規範に基づいて動くようになっているというのとではまったく別の話なのです。

一部の先進企業、たとえば京セラや半導体商社のＰＡＬＴＥＫのように、社内のコストをまるごと明確化し、それぞれの部署間の取引、すなわち社内取引においても伝票を切ることで、部署ごとのコストをきっちりと管理しているところはもちろんあります。しかし、そのような企業はまだきわめて少数です。

上場企業は四半期ベースで決算しなければいけないので、四半期ごとには利益の把握ができていると思います。しかし、上場していない企業の多くはおそらく、半期や1年ベースでないと利益の把握はできないというのが現状だと思います。

なぜそのように利益の計算の頻度が少ないかというと、利益計算は厳密に行うと、すごくコストがかかるためです。私も莫大なコストをかけてまで利益をはっきりさせる必要はないと思います。むしろ、この本でこれから説明したいのは、**あまり厳密にやらなくて**

も、直感的に現場レベルで管理できる、利益管理の方法なのです。

そして、大事なことは、現場レベルの一人ひとりの人事評価も利益で管理をされていくことです。仮に、本人は一所懸命に利益を考えながら行動管理をしていても、会社の仕組みでボーナスや昇進が売上によって決まってしまうとなると、誰も進んで利益では管理をしなくなってしまいます。

すなわち、「利益ノルマ」による管理を達成するためには、

❶ 現場レベルでも日次管理ができる簡易な利益計算の方法

❷ 一人ひとりの報償が利益で決まる人事評価の制度

の2つの柱が必要になるのです。

もっとも、利益を簡易に計算する具体的な手法について、現在、管理職となっている課長クラス以上の人は、ほとんど教えてもらっていないと思います。社内のサポートシステムもないし、ノウハウもないし、計算方法もわからない。それでも、上司からは「売上も大事だが、ちゃんと利益も管理しろ」と二重の要求が生まれてくると、では、具体的にどうやればいいのかというところで、みんな困ってしまって先へ進めなくなるというのが現

状だと感じています。

少子化経済に向けて、共倒れしないために利益管理はマクロでも必須になる

さらに大きなマクロ要因として、**日本人は「少子化の怖さ」を一人ひとりがもっと自覚する必要がある**と思います。これからの日本は人口が減っていきます。売上というのは基本的に「1人当たりの消費額×人数」ですので、人口がこれから先、たとえば2050年に1億人を切ると試算されていますが、そうすると約40年後は今より25%くらい人口が減るわけです。

人口が25%減っても、1人当たり25%以上多くの製品やサービスを消費してくれれば問題ありませんが、通常はそんなことはありえませんから、各社がこれまでどおりの売上を確保しようとしたり、あるいは売上拡大を目指すとなると、価格競争が激しくなります。これが現在起きているデフレの怖さの原因でもあり、このまま売上ノルマを中心にみんなが活動し続けていくと、企業全体としてますます厳しい状況になるでしょう。

結果、どんどん価格が下がるから、誰も利益が出ないという過当競争状態になってしま

います。したがって、1つの企業だけが利益重視に転換するのではなく、すべての企業が適正な利益を確保する方向に向かい、無駄な資源浪費を避け、長時間労働を避け、社会全体としてのバランスを保つ方向を模索していかないとならないわけです。これまで、労働は美徳であり、値下げは顧客のため、という信仰に近いほどの固定観念があったと思いますが、どちらもマクロ面で見ると行き詰まりを示すようになっています。

現に、**日本の少子化の大きな原因の1つは長時間労働**だと考えられています。景気が悪いから長時間労働をする、長時間労働をするのでますます育児・家事の余裕がなくなり、少子化が進行する。そして、少子化が進行するから景気が回復しないという悪循環が起こっているのです。

たとえば、現在でも、儲かっている業界と儲かっていない業界を比べると、おもしろいことがわかります。**儲かっている業界はなぜ儲かっているかというと、業界トップシェアの企業で儲けている人たちが、製品・サービス力の優位性を確保すると共に値崩れを起こさないように気をつけている**のです。逆に儲かっていない業界というのは、トップシェアを持っている企業が、必要以上の売上拡大を目指して思い切った値付けをする、つまり値下げによって売上は上がっても利益は出ないので、業界全部が共倒れ状態になっているのです。

今、業界全体で共倒れして儲からなくなっているのは、プラント系、環境系、一般建設系、システム系などの業界です。もちろん、こうした業界では公的な受注については競争入札制度があるため、談合でもしない限り、最終的に利益が出ないギリギリのところまで誰かが値下げをしてしまうということも背景にあるでしょう。

しかしながら、IT系の業界を思い出してください。IT系の業界は、昔はそれなりに利益を上げていました。なぜ利益が上がっていたかというと、IBMがメインフレームを中心に作っていた頃は、IBMがすごく儲かる仕組みを構築していたからです。具体的には、システム全体を1社で受注し、それを長期にメンテナンスしていく仕組みです。結果、安定した収益を生むことができました。

このビジネスモデルを真似ることで、富士通もNECも、同じような製品・サービスを出すことで必ず儲けることができていたのです。ところが、メインフレームからオープンシステムになって参入者が増え、多くのシステム会社が同じものを作れるようになってから、利益は限りなく0になってしまいました。

私たちは経済学で、参入障壁がない市場においては需給が均衡するまで価格が下がり続け、多くの供給者は超過利潤がなくなってしまう、ということを習いました。コンピュータ業界ではまさしく、それが起きたのです。

利益の源泉は実は他社が追いつくまでの時間的な余裕である

ではなぜ、世の中の企業がまだそれなりに利益を出しているのか、ということについて疑問も出ると思います。実は、**多くの企業が利益を出せているのは、「他社が追いつくまでの時間の余裕を生かしているだけ」**なのです。これを**「時間のアービトラージ（裁定）」**と呼びます。

時間のアービトラージとは、どこかの業界が儲かっていることに気づいて、そのビジネスモデルを真似たり、同じような技術や製品ラインを開発し、その市場に参入するまでに、早くても数週間、遅いと5～10年の時間がかかってしまうことを言います。経済学で言う均衡に近づくまでの時間は、各企業ともかろうじて利益を保てるわけです。

時間のアービトラージによる儲けは、売上が右肩上がりに伸びていると、他社が参入してもまだ市場に余裕があるため、長引きやすくなります。ところが、現在の日本のように需要がフラットだったり、今後少子化により需要がマイナスになるようだと、時間のアービトラージの余裕が小さくなり、あっという間に時間の余裕を食いつぶしてしまうのです。

利益の源泉は「時間のアービトラージ」にある

企業内にある程度の無形・有形のノウハウを蓄積しておくことが推奨されるのは、新しいビジネスを始めようとした時に、ノウハウを蓄積している自社の得意分野であれば、他の参入者よりも早くビジネスがスタートできるからなのです。とくに、他社だったら6カ月から1年かかるような準備が、自社であれば数週間から数カ月でできて、スタートを切れるというようなビジネスなら、よりいっそう有利になります。

どんな優れたビジネスモデルでも、いつかは超過利益が0になります。しかし、それまでの時間をいかに長くするのかということが、各企業のマネジメントに手腕として求められています。そして、その際には人口減のインパクトを甘く見てはいけないということになります。

企業にとって少子化以外の逆風要因とし

て、ＩＴと資金調達の仕組みの両方の驚異的な発展があげられます。新しいビジネスを始める時の参入障壁が、どの分野においても驚異的に下がっています。何か新しいサービス業を始めようとした場合に、アイデアさえあればおカネも集まるし、システムも集まるしということで、比較的早期に始められてしまいます。こうなると、いくら大企業が多額の資本を投下して作った仕組みであっても、今は下手をすると1年ももたなくなってしまいます。10年前なら、資本を投下して作ってしまえば、それと同じことができる企業がほんの数社しかなかったので、時間のアービトラージの期間が長く、数年はもったのですが……。

その典型が、インターネットを使ったビジネスです。私は経営コンサルタントおよび証券アナリスト時代、インターネットを使ったビジネスが専門分野だったのですが、インターネットビジネスについてはＩＴバブルの頃も含めて、市場よりもかなり悲観的な見方をしていました。なぜなら、誰かが何かを始めて儲かると、同じことを他社が一斉に始めるためです。たとえばアフィリエイトであったり、インターネット広告であったり、ＥＣ（イーコマース）であったり、Ｗｅｂ２・０的な事業もすべてそうです。結局、上位の1～2社を除いて、誰も儲からないようになります。その1～2社にしても、最長でも数年たてば儲からないようになるでしょう。

こうした現象を称して、私のＪＰモルガン証券時代の先輩は**「インターネットは貧乏神」**という表現を使っていました。すなわち、**関わった人の収益性が一律に下がってしまう可能性がある**ということです。まさしく、言い得て妙な表現だと思います。

追いつかれるまでの時間が短くなってきている今、その時間内にいかに稼ぎきるかが重要

したがって、利益の源泉が、他社に追いつかれるまでの時間的な余裕だと考えた場合に、以下の2点を管理することが、企業が利益を上げる際の鍵になります。

❶追いつかれるまでの時間に、なるべく売上を最大化し、費用を最小化すること（＝攻撃）

❷相手に追いつかれないよう、品質、原価、販売チャネルなどでなるべく参入障壁を作ること（＝防御）

ところが、❶と❷のバランスをどうやってとるかということは意外と難しいのです。なぜなら、短期的に売上を最大化する、すなわちお金を払ってくれるお客からは刈り取れるだけ刈り取り、費用はなるべくケチケチして将来向けの投資をしなければ、短期的には儲かります。

しかしその結果、顧客の満足度は下がり、費用については今は安くすんでも、市場への差別化要因が小さくなって他社への参入余地を与えることになり、❷の要件を満たさなくなってしまうのです。だからといって、無制限に品質を上げたりチャネル開拓をすれば、短期的な利益が犠牲になります。

もし、読者のみなさんがこれまで、プレイステーションやＷｉｉなどで、何らかのアクション系のゲーム、たとえばライフルで敵を撃っていくゲームや宇宙船に乗って敵陣の中をくぐり抜けていくようなゲームをしたことがあるのでしたら、その時の体験を思い出してください。初心者モードでは敵の出方も緩やかでトラップも少なく、比較的苦労せずにゲームを進めることができたと思います。ところが、中級者モード、上級者モードになるにつれて、攻撃と防御のバランスが難しくなってきます。

ある意味、日本もこうしたゲームの難しい局面に差しかかっているといえば、わかりやすいでしょう。人口増加が止まり、家庭ごとの経済状態が欧米各国に追いつき、為替も購買力平価ベースでほぼ実力相当になったため、経営というゲームが高度成長期の初心者モードから、上級者モードに切り替わっているわけです。

したがって、よほど気をつけて売上と利益をバランスさせ、管理をしないと、あっという間に敵にやられてゲームオーバーです。

もちろん、すべての会社が管理手法に苦労しているわけではなく、いくつかの先進的な会社では、現場の隅々まで利益管理が行き届いています。たとえば、その代表が京セラです。京セラではかなり前から、「時間当たりでいくら稼いでいるのか」「月次でいくら稼いでいるのか」ということを細かく算出していました。こうすることで、現場の社員にも常に利益を稼がなければならないというプレッシャーがかかります。

もっとも、その計算をするためには、教育された専門の社員を多く用意して、毎月、莫大な量の管理のための処理、たとえばコスト計算や利益計算を実行していかなければなりません。

この京セラの事例は、もし本気で利益を管理したいと思ったら、専門の社員を多数配置して、とことんまでやらなければ浸透しないということを示しているともいえましょう。

ところで、一般論として、京セラを始めとする新興企業がなぜそこまで利益にこだわるのかというと、それは多くの場合、銀行がなかなかお金を貸してくれなくて苦労した、という原体験があるためです。これはカンバン方式や経費管理の厳しさで有名なトヨタも同じで、過去に資金繰りに苦しんで、倒産の可能性まであったため、その体験から、厳しく利益・費用を管理するようになったのです。

この話は、私たちが健康について気を遣うプロセスにとても似ていると感じます。私たちは元気なうち、あるいは成長ざかりの健康な頃は、どんなものを食べるか、どのような運動をするかなどの生活習慣については、まったく気遣いをしません。しかし、30代になってだんだんと、肩こりなどの細かい身体上のトラブルに悩まされたり、健康診断で大きな問題が出たり、あるいは自分が実際に深刻な病気になったり、身近な同世代の人が病気になることで、初めて健康のありがたさが身に染みてわかり、健康について急に管理をするようになるのです。

21世紀になって、日本の経済が中年期にさしかかることで、私たちが勤める多くの企業も同じようにだんだんと、これまでの生活習慣を原因としたきしみが現れつつあります。中年期といっても、まだまだ元気な今のうちに、私たちも予防対策を取り、生活習慣を引き締めないと、手遅れになってしまいます。

もちろん、トヨタや京セラのように、資金管理の危機を乗り越えて大きくなった企業も数多くあります。しかし、資金繰りの危機のために実際に倒産してしまった企業の中に、そのまま大きくなっていれば未来のトヨタや京セラになっていたかもしれない企業が含まれていたことも忘れてはいけないのです。

病気になってからあわてて生活習慣を改善するよりは、その兆候が現れる前から改善をしていた方が何倍も効果が高いように、私たちも痛い目にあう前に、生活習慣の改善、すなわち、利益に注目した動き方をするように、行動パターンを変えていきたいと思います。

まずは、私たち日本人は意外と利益を上げていないことを再認識するべき

さらに、ちょっと視点を移して、日本が海外に比べてどのように儲けているか（あるいは、いないのか）、統計データを使って考えてみましょう（次ページの図1参照）。

利益は経済の用語に直すと付加価値ですが、付加価値をどのように効率的に上げているかということを生産性という用語で表します。付加価値を労働時間で割ったものが労働生産性、投下資本で割ったものが資本生産性です。

ご存知の読者も多いと思いますが、日本人の労働生産性は、諸外国、とくにアメリカやイギリス、ドイツなど、日本と経済規模が近い先進諸国に比べて低いという事実がありま

図1 OECD加盟諸国の労働生産性（2004年／30カ国比較）

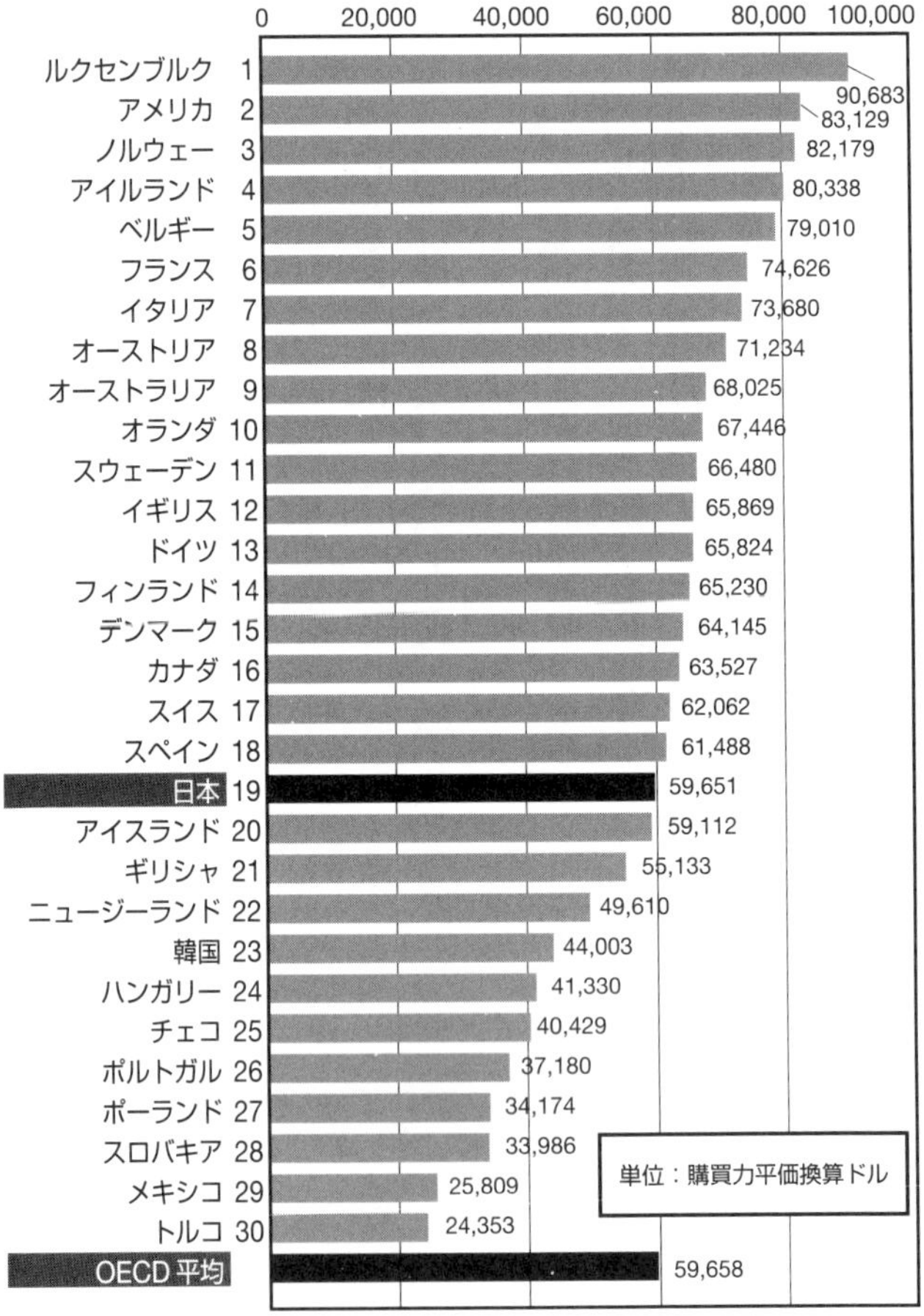

＊出所：労働生産性の国際比較（社会経済生産性本部）

す。為替を購買力平価で調整した後でも、日本人が1時間働いて得られる付加価値は、30カ国比較でなんと19位。アメリカのだいたい70％くらいしかなく、日本人が何となく効率が悪そうだと感じているフランスやイタリア、はたまたスペインよりも労働生産性が低いのです。これは、ＯＥＣＤ先進諸国では、11年連続の最下位です。

どうも、働いても、働いてもなかなか生活が楽にならないな、という私たちの実感は、実は数字上も裏付けられていたのです。

ところが、この結果を製造業だけに絞ってみると、何と、労働生産性は第3位まで上がるのです。つまり、製造業は世界の水準と比べて遜色ないくらいしっかり儲けているのですが、非製造業の儲けが他国比であまりにも低いため、両方を平均すると低い労働生産性になってしまっているのです。この結果を解釈すると、私たち**日本の経済は、製造業は何だかんだと言っても、全体的にしっかりと儲けの仕組みを作っている会社が多いのですが、非製造業の方はまだまだ儲けられていない企業が多い**ということになります。

手元に別の統計資料があります。シカゴ大学とマッキンゼーが共同でまとめたもので、日本の労働生産性を産業別にアメリカと比較したものです。この統計によりますと、日本は、非常に労働生産性の高い産業（鉄鋼、自動車、自動車部品、エレクトロニクスなど）と、生産性がアメリカの半分以下しかない産業（小売、建設、食品加工業など）に大きく二分されます。前者は主に輸出産業で、日本の従業員の10%を占めます。後者は主に国内産業で、日本の従業員の90%が従事しています。これを、「二重化された経済（dual economy）」と呼んでいます（出所："The Power of Productivity" William W. Lewis, University of Chicago Press）。

つまり、製造業と非製造業、輸出型と国内型、の2×2のマトリックスに国内の産業を分けると、要は**製造業×輸出型だけが儲けの仕組みを作っていて、国内型の製造業および非製造業のほぼすべては、儲けの仕組みができていない**のです。

「儲けなくてよかった」という理由もどんどん消えてきている

それではなぜ、輸出型の製造業は労働生産性が高く、残りの産業は低いのでしょうか。

その答えは単純です。**「そうしないと輸出型の製造業は生き残ってこられなかったから」**です。逆に、国内産業は輸出型の製造業と比較をすれば、規制も保護もあり、結果として、そこまで儲けにガツガツしなくても、生き残れる企業が多くあったということになります。

もちろん、日本全体として、輸出型製造業の労働生産性を高く保ち続けるために、優先的にリソースが投入され、人材が集められ、政策や教育が特化してきたことも否定できません。しかし、輸出型製造業に就職した人がすべて、その他の仕事についた人よりも優秀だとは考えづらいのです。

ところが、そのような生産性の高い輸出型製造業も、グローバリゼーションの進展により海外との競争が激化したため、人件費を抑えるために海外に生産をシフトし、だんだんと輸出型製造業の勤め先そのものが日本人には減ってきました。

ここであらためて、なぜ輸出型製造業のような例外を除き、日本の企業が全体的に儲けなくてよかったのかを、私なりに、以下の4点の外部要因としてまとめてみました。

理由①　余剰労働力の解雇が困難なため、儲けを度外視した仕事を続けざるを得なかった

理由②　他国に比べ、従業員の少ない中小企業の割合が高く、規模の経済が働かなかった

理由③　「日本語」という物理的な参入障壁があった

理由④　ROE（株主資本利益率）へのハードルレートが低いため、国内の過当競争が解消されない

理由❶〜❹のそれぞれについて、具体的に説明していきましょう。

理由❶の**「余剰労働力の解雇が困難」**という点は、儲けの阻害としてとくに大きいものです。正社員について、日本では本人に大きな問題がない限り、生産性の改善だけを理由とした解雇は、慣習上、不当解雇として認められていません。

したがって、儲かっていないことがわかっても、人を雇っているからには、その人のために仕事を創造し、与えないといけないのです。人がいると、必ず本人たちが仕事を作ってしまいます。ただ、そのような仕事は組織が儲けるためのものではなく、雇ってしまった本人を正当化する仕事であったり、ある意味暇つぶしの仕事だったりするのです。

理由❷の**「規模の経済の不足」**は、日本の政策や法律がバブル前までは、企業の統合を防ぎ、中小企業の雇用の確保をする方向に整備されていたことが要因としてあげられます。改正前の大店法（大規模小売店舗法）や独占禁止法、会社法制定前の合併の困難さなどを想起すれば、理解できると思います。

理由❸の**「日本語という参入障壁」**は、参入障壁と退出障壁の両方に影響しています。まず、日本国内が多少非効率であって、参入チャンスがあるように見えても、海外から参入するには日本でのコミュニケーションに不可欠な言語である日本語のコストが高く、参入がしづらいのです。同時に、日本国内で営業している企業にとって、日本以外で営業するにはやはりコストが高く、退出しづらくなります。その両面から、非効率性が温存されるわけです。

理由❹の**「株主からの要求ROEの低さ」**は、私たちが資本市場に何を求めるのかという価値観と関連するものです。株主利益を最大の目標として追求するアメリカと異なり、日本の経営者は株主利益だけではなく、従業員への雇用責任、社会への影響など、さまざまな要因を重視することを要求されます。結果、儲からない事業からの撤退が遅れ、過当競争が温存されてしまうのです。

これで、「儲け」についての問題は個々の企業や各従業員の問題だけではなく、いろいろな構造問題も絡んでいることがイメージできたかと思います。ところが、この理由❶〜❹について、バブル崩壊以降、変化が生じてきて、どんな企業も今まで以上に「儲け」を追求しなければならなくなってきたのです。

理由❶の「余剰労働力の解雇が困難」については、早期退職制度をきめ細かく設ける、再就職先のケアを行うなどの方法で聖域に踏み込む企業が増えてきました。もちろん、まだ緩やかな変化ではありますが、儲からない事業をしている社員は解雇される可能性が高くなってきたということです。

理由❷の「規模の経済の不足」についても、会社法の制定や規制緩和などによって、どんどん企業の統合・大型化を促進するように政府の方針が変わってきています。これは、グローバリゼーションや競争激化を背景に、国内産業といっても保護をするよりは市場原理を取り入れることで、雇用確保をある程度犠牲にしても、儲け力の向上を目指す方向に政府がカジを切ってきたことがあるでしょう。

理由❸の「日本語という参入障壁」についてはまだ解消されているとは言いがたいのですが、それでも、英語ができる人材がどんどん日本にも増えてきて、必ずしも日本語だけで仕事をする必要がなくなったり、あるいは、アジアを中心に日本語ができる人材がどんどん増えてきて、日本語による壁は少しずつ低くなりつつあります。

理由❹の「株主からの要求ROEの低さ」についても、株主代表訴訟が増加する、アクティビストの参画で配当支払いの要求額が増加するなどもあって、事業の再編が進み、デフレにもようやく歯止めがかかってきました。最近の楽天やスティール・パートナーズの株主としてのさまざまな要求と、それに対応するための防衛策の発動など、みなさんの記憶に新しいところだと思います。

適切な利益の確保が持続的な社会とワークライフバランスを作る

ここまでの話で、日本の企業が少子化、時間のアービトラージの期間の縮小、構造変化などを通じて、より利益を意識しないと生き残っていけなくなったということは、理解いただけたと思います。しかし、利益は企業だけではなく、私たちの社会や生活にも密接に関わっているのです。

最近、長時間労働による弊害、たとえばうつ病の増加や晩婚化などが社会の課題になっています。また、資源の使いすぎ、地球温暖化についても対策が求められています。これらの課題に対する1つの解は、**「儲からない仕事を辞めること」**なのです。

私たちの労働も資本も、コストがかかっています。したがって、適切な利益を確保できない仕事というのは、私たちの社会や地球に過度の負担をかけているといっても過言ではないのです。

ワークライフバランスについても同様です。儲からない仕事、時間単価が低い仕事をたくさんしなければならないからこそ、仕事の時間が長くなります。私たちは物理的に食事も摂って、睡眠もとらなければならないので、労働時間が長くなるほど、必然的に家族と

労働時間の長さが日本男性を肥満にしている

すごしたり、自分の余暇を楽しんだりする時間が少なくなるのです。結果、人生に対する満足度も下がってしまいます。

また、最近になって、とくに日本の男性が太り続けています。太り続けている原因は、労働時間の長さだと言われています。多くの食品がより安価に、手軽に手に入るようになり、手早くカロリーを摂取することができるようになりました。

カロリー摂取は時間もかからず、手軽なレジャーです。そうすると、仕事で忙しく疲れたビジネスパーソンは知らず知らずにどんどん、高カロリー食品に手が伸び、短い時間で高い喜びを得ようと無意識に動いてしまうのです。結果、ＢＭＩ（ボディマス指数）が25以上30未満の過体重の男性や、30以上の肥満の男性が増え続けてしまっているのです。

しかし、もし、より短い時間で高い利益を上げることができたら、私たちは低カロリーの食事をもっとゆっくりと楽しみながら摂ることができますし、スポーツの時間も確保できます。実際、日本では、男性ほど長時間働いていない女性は、太り続けてはいないのです。

つまり、**「利益を上げること」は企業にとって必要なだけではなく、私たちが人間らしく生きるため、充実した人生を送り、そして地球の資源を長持ちさせるためにも、必要な考え方**なのです。

では、どうやって私たち一人ひとりが利益を作っていけばいいのでしょうか？　利益の作り方は食生活と同じで、栄養学のような原理原則と、一定のレシピがあります。これらの基礎知識と手法を学べば、専門の訓練を何年も受けた経営コンサルタントや証券アナリストのようなプロ級の料理とはいかなくても、おいしい家庭料理であれば、誰でも作れるようになります。

第2章以降、ぜひ一緒に、「利益の作り方」のレシピを学んでいきましょう。

第1章を補足するお薦めの参考文献

『知識資本主義』（レスター・C・サロー著、ダイヤモンド社）

グローバリゼーションや知識集約型産業の勃興が経済をどのように変えていくのか、その中でなぜ、日本が弱っているのかを俯瞰した良書です。必読の1冊。

『勝者の代償』（ロバート・B・ライシュ著、東洋経済新報社）

技術革新が進むほど、私たちが一所懸命に働くほど、なぜ消費者としての私たちの生活が苦しくなる面があるのか、今後、個人や社会でどのようなバランスを必要としているのか、ワークライフバランスを考える時にとても役立つ視点を提供してくれます。

第2章

利益はどう計算するのか

慣れればカロリー計算のようなもの

カロリーのように利益を計量できるようにしたい

ここからは、本格的な利益の作り方に入っていきます。利益の作り方を、第1章では栄養学やレシピにたとえました。栄養学では、炭水化物、タンパク質、食物繊維、ビタミンなどをバランスよく摂り、1日に必要なカロリー量に対して多すぎず、少なすぎない食事を摂ることを薦めています。そして、このバランスのよい食生活こそが、私たちの生活の質を高め、病気を予防し、ライフスタイルを改善し、健康長寿へと導いてくれます。

企業も同じように、設備投資、サービス開発、人材の雇用と育成など、さまざまな要素についてバランスよく投資を行い、売上につなげて投資資金を回収していきます。その際に、うまくそのバランスがとれているかどうかを測るのが「利益」なわけです。利益が、無理のないバランスでほどよく出ている会社は長寿ですし、株主も、従業員も満足度が高まります。

私たちはふだんの食事で、食べるものがだいたいどのくらいのカロリー量があり、糖分があり、脂質があるということは、ずいぶんと意識できるようになってきました。また、外食をする際には、多くのレストランが栄養価とカロリー量を開示してくれるようになりました。結果、1日の摂取カロリーをコントロールすることが可能になっています。

利益についても、一人ひとりが食事のカロリー計算をするのと同じくらいか、それ以上の簡便さで計算をできるようになるのが望ましいと私は考えています。組織の中の一人ひとりが利益を簡単に計算できるようにすることで、意思決定への透明性を高め、利益が出るか、投資が回収できるかといった重要な判断に対して、迅速な対応ができるようになるからです。

現在の固変分解の方法では現場の行動規範にはしづらい

とはいえ、これまでの典型的な組織での利益の算定のしかたは、会計利益が中心で、現場レベルでの意思決定には、あまり役立っていないと思います。たとえば、共通費として発生する部分がどこに配賦されるかということで利益が歪んだり、あるいはそもそも従業員一人ひとりに、働く部門での利益の状況がくわしく開示されていないケースも多いためです。

会計利益で事後的に利益の把握をすると、意思決定の遅れや歪みを生じるため、ほとんどすべての企業は予算を組んでから行動に移ります。予算策定の手法として、売上高増に応じて費用が増える変動費部分と、売上高の規模に関係せずに一定に発生する固定費を分ける「固変分解」による管理が一般的です。

固定費は、売上高にかかわらずかかる費用ですから、たとえば人件費のうち残業代を含まない固定給部分、オフィスの家賃、減価償却費、システム費用などが入ります。一方、変動費は、支払手数料、販売促進費、製品保証引当金、荷造り運賃などです。

固変分解を行うと、追加的に売上を上げた時にどのくらい企業が儲かるのかという限界利益を求めることができるようになりますので、多くの企業は利益、すなわち、限界利益の合計から固定費を引いた数字にもとづく意思決定を心掛けています。すなわち、数式に直すと左記のような形です。

これまでの利益管理手法

利益＝売上高×限界利益率（１－変動費比率）－固定費

となります。そして、この式を前提として、有名な手法である損益分岐点分析の計算が出てくるのです（次ページの図2参照）。

このような固変分解は管理会計上の基本であり、会社全体では必ず押さえておくべき手法だと考えます。

図2　損益分岐点の関係図

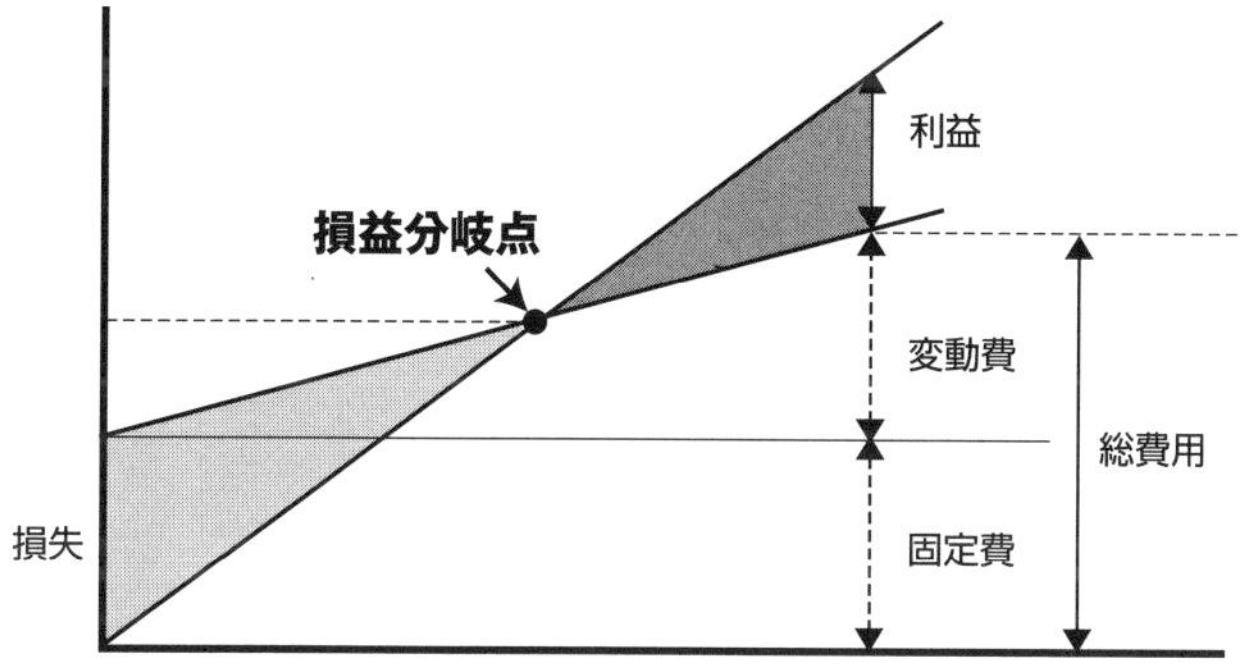

損益分岐点売上高＝固定費÷（1－変動費比率）

ところが、固変分解による利益管理の手法は、これをそのまま現場レベルで行動規範にする利益管理の仕組みとして用いるには、以下のような3つの大きな課題を含んでいます。

❶ 変動費と固定費の区分は、時期や立場によってあいまいであること

たとえば、人件費は短期的には固定費であっても、売上が伸びていくと新たに人を雇う必要が出てきて、中期的には変動費になります。また、立場によって、ある人にとっては固定費でも、より上位の意思決定者にとっては変動費であるということもあります。

さらに、短期的な収益を上げようとして、販売促進費などの変動費を抑え、限界利益を上げることはできても、それが長期的には売上の下落につながるおそれがありますが、固変分解ではそのような時系列の部分は管理が難しくなっています。

また、設備投資の減価償却費も1年単位では固定費ですが、売上が上がっていくと実際には設備を増強する必要があり、結果として変動費になってしまうことも少なくありません。

したがって、固定費と変動費に分解するのは、事後に統計処理を使って分解することは可能ですが、それを事前に行うことは、実務上、本当はかなり難しいのです。

❷運用上の社内ルールを厳格に決めないと、社内でズルをしようとする人が出てくること

❶の課題から、社内の費用は変動費と固定費になかなか分かれにくくなっています。とはいえ、明らかに、ある部署やあるサービスラインに付属する変動費というものもあります。問題は、複数部署にまたがった固定費の負担を誰が行うかということです。たとえば、ITサポートや総務サポートの費用負担を誰がどのように行うのかを、考えてみるとわかりやすいでしょう。

各部署にとって、そのような費用について恩恵は受けているのですが、いざ、そういったコストをA事業部とB事業部に割り振る場合には、人数割がいいのか、面積割がいいのか、あるいはパソコンの台数割がいいのか、さまざまな方法が考えられます。

すると、要領のいい管理職であれば、できるだけ自分にとって有利な方法で配賦が決まるよう、社内的に動いてしまう可能性が高いのです。実は会社全体のコストはまったく減っていなくても、人事評価上のコストを下げることはできるのです。

❸管理対象の費目が多すぎて、直感的に理解できないこと

3番目の問題は、管理の対象とする費目が多すぎて、どこが利益を生むためのキモなのか、わかりにくくなるという欠点があります。多くのビジネスにおいて、この部分さえ押さえていれば、利益が生み出せるというポイントがいくつかあります。

たとえば、かなり利益率は高く、一度顧客を囲い込んでしまえばなかなか離れないビジネスだけれども、そのビジネスを初めての顧客に浸透させるのが難しい場合には、広告宣伝費や販売代理店へのインセンティブなどの顧客管理コストが利益の大半を占めてしまうでしょう。

あるいは、市場でほとんど価格が決まってしまう商品であれば、あとはいかに規模を拡

大して固定費の割合を薄めるか、大量購買で原価を下げるかで利益が決まってしまうビジネスもあります。

このような利益上のキーレバーは管理職クラスであれば直感的に理解をしており、固変分解でも応用が利くと思いますが、現場レベルまで知らせるのはなかなか大変です。結果として、「売上を増やせ、コストを減らせ」という抽象的なスローガンに指示がとどまってしまい、現場が動きにくくなってしまうのです。

勝間式「万能利益の方程式」の紹介

これまで、標準的な固変分解や予算統制ではなかなか現場が動きづらく、うまく売上高の向上やコストの削減にはつながりにくいということを説明してきました。では、どのように管理をすればいいのでしょうか。

これから紹介する方法は、長年の私の経営コンサルタントや証券アナリストの経験から生み出された算式です。これさえわかっていれば、ほとんどのビジネスにおいて、どこを変えれば利益が生み出せるのか、質も量もわかるという画期的な方法だと自負しています。この本のエッセンスはこの式にあるといっても過言ではないでしょう。

勝間式「万能利益の方程式」とは次のとおりです。

利益＝（顧客当たり単価－顧客当たり獲得コスト－顧客当たり原価）×顧客数

（注）顧客当たり単価、顧客当たり獲得コスト、顧客当たり原価については、以後、原則として、顧客単価、顧客獲得コスト、顧客原価と表示します。ただし「万能利益の方程式」については、顧客当たり単価等「当たり」を入れて表示します。

これだけです。利益を出すための要素を、以下の4つに分解してしまっていることがミソです。

❶顧客単価
❷顧客獲得コスト
❸顧客原価
❹顧客数

ビジネスによって、どのキーレバーが効くかは異なりますが、多くのビジネスのミソ

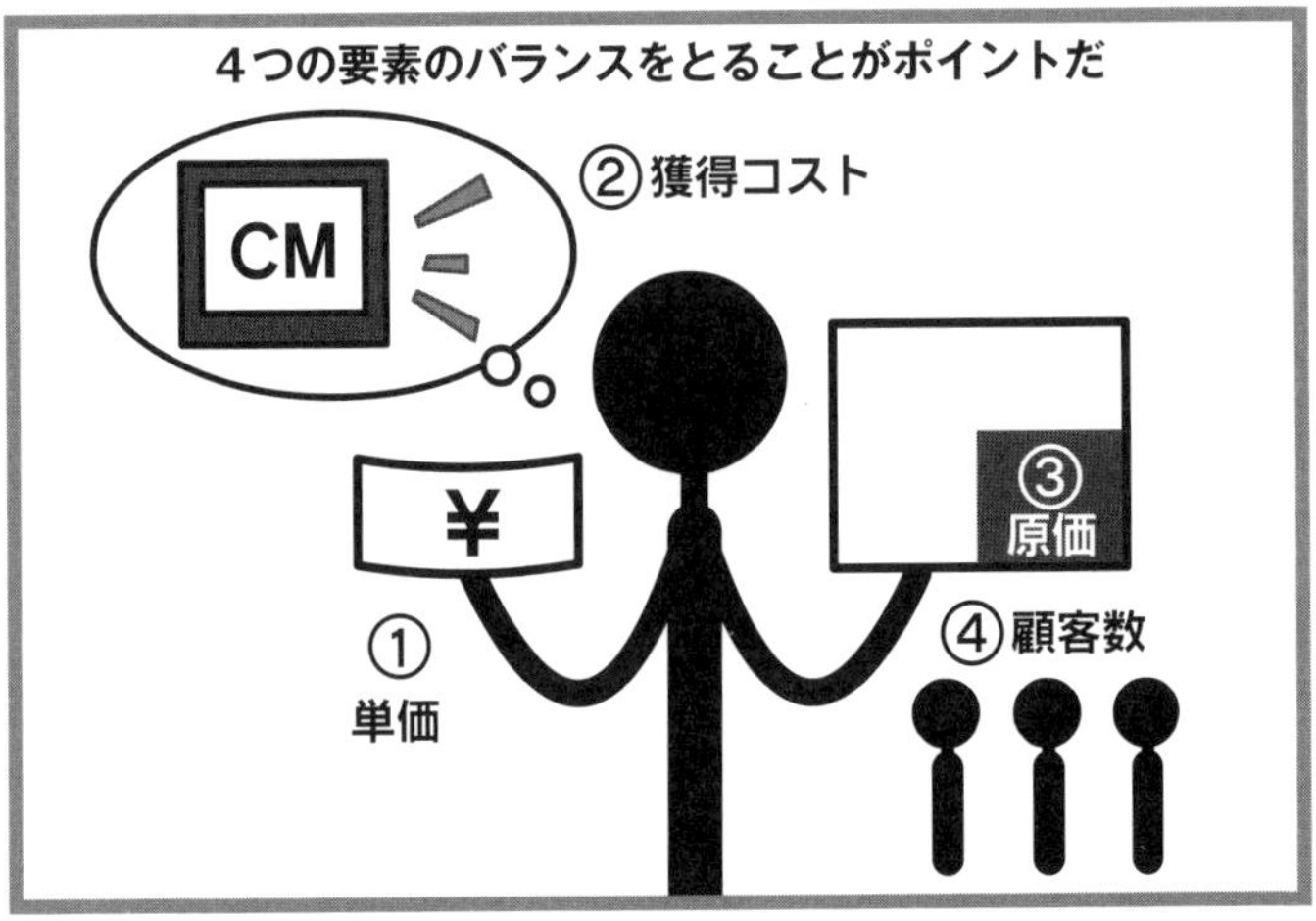

は、いかにこの4つについてバランスをとりながら、企業ごとの最適な配分を見つけるかということなのです。

これはまるで、飛行機のコックピットの操縦計のようなものです。顧客数を増やそうと思って広告宣伝費を増やすと、顧客獲得コストが上がってしまって利益が下がります。また、原価を下げてしまうと、顧客が敏感に反応して顧客単価が下がってしまうかもしれません。

つまり、会計の複雑な費目をとりあえずはこのように4つに単純化してしまって、誰もが直感的にわかるところまで、すなわち組織の現場レベルまで、落とし込むのがコツなのです。

料理でも、基本のだしの取り方や野菜の切り方、調味のしかたがわかって初めて応用が利くように、とりあえずビジネスをする時はいつも、この4つの費目のバランスが頭の中に浮かぶようになるまで、この4つをたたき込むのです。

このレシピのさらにいいことは、小売のようなB2C（対最終顧客ビジネス）でも、製造業のようなB2B（対企業ビジネス）でも、サービスポータルのようなB2B2C（顧客向けエージェントビジネス）でも、共通して使えるフレームワークだということです。したがって、ビジネス横断的に比較をすることもできますし、私たちが新しい仕事に就いた時にも、これまでの経験が即座に活かせることになります。

それでは、なぜこの4つが重要なのか、順番に説明していきましょう。よりくわしい説明はあとの章で細かく行っていきますが、ここではエッセンスを先にイメージしてしまいます。

変数1：顧客単価は企業価値を大きく決めてしまう

まずは顧客単価です。4つの変数の中で最も重要なものを1つあげろと言われれば、私はこれをあげます。なぜ、このように顧客単価にこだわるのでしょうか。私が証券アナリストの時代、企業評価をするためのスプレッドシートをよく組んでいました。その中には、その会社の価値を計算するためのさまざまな要素が用いられているのですが、その会社の価値を最も大きく決めてしまうのが顧客単価であることを身に染みて感じていたからです。

たとえば、最近、携帯電話会社の値下げ合戦が加速しています。仮に、加入者が5000万人いるNTTドコモが月額の基本料を100円値下げしたとしましょう。これだけで、どのくらいの企業価値が失われるか、直感的にイメージできますか?

その額はなんと、1年間で600億円。これを複数年度にわたって実施したとすると、数千億円の企業価値が失われることになります。その辺にあるふつう規模の上場企業でしたら、企業価値の全部が吹き飛んでしまうような値下げなのです。

もう少し簡単な事例を考えてみましょう。ある顧客について、売上高100に対して、売上原価や販売管理費が合計で90かかっていて、10の儲けがあるビジネスがあったとします。ここで、単純な計算をしてみましょう。

仮に、10%の値上げをして、顧客単価が10%上がったものの、購買量や原価は変わらないとします。そうすると、これまで10%だった利益率はどのくらい伸びるでしょうか。

(100+10−90)/(100+10)=18・1%

となりますから、10%の単価上昇は利益率を8・1%も向上させるわけです。儲けもこれまでの10から20に増えます。10％値上げできれば、儲けが倍になるのです。1％の値上げだって、儲けを10％増やすことができます。

一方、顧客単価を変えないまま、同じ20の儲けを生もうと思ったら、原価構成が変わらないとすると、売上数量を倍に増やす必要があるのです。しかも、後で説明しますが、顧客層は広がっていくにつれてだんだんと、コアでない顧客にアクセスすることになり、より費用をかけないと開拓が難しくなっていくため、実際にはもっと多くの顧客を得なければならないようになります。

すなわち、**顧客単価は利益の源泉であり、いかに同じ顧客により高い値段のものを買ってもらうか、より多くのものを買ってもらうかということに集中することで、利益が生まれやすくなる**のです。

安易な値下げがどれだけ利益に悪い影響を与えるか、これらの事例からよく考えてみてください。

変数2 顧客獲得コストこそが、現代のビジネスの特徴

次は顧客獲得コストです。たとえば、先ほどの携帯電話会社の事例ですと、携帯電話各

やたらとCMが多い商品にはウラがある

社は、ヨドバシカメラやヤマダ電機のような販売代理店が新しい契約を獲得すると、その販売代理店に3万5000円程度の報奨金を支払っていました。また、これに加えて年間数百億円のコマーシャルを打ち続けています。これが、携帯電話会社にとっての顧客獲得コストに当たるわけです。

なぜこの費目が大事かと言いますと、通常、直接原価だけで売値を上回るような値付けはまれなため、顧客さえ来てくれれば、ふつうのビジネスは儲かるわけです。ただ問題は、その顧客を集めるのに、顧客から将来回収できるであろう金額よりも多額の投資を行って顧客を集めてしまうことなのです。

戦後の高度成長期のように需要過多の時代には、顧客獲得コストはあまり多額にはかかりませんでした。したがって、なるべく原価を下げて価格競争力をつけることの方が優先順位が高かったのです。

ところが、最近は供給過多になり、かつ、いろいろな商品・サービスが多様化して競争が激しくなってきますと、どのような商品を売るのかよりは、どのようにしてその商品を顧客にアピールし、顧客に買ってもらうかというプロセスの方が重要になってきます。

よく、華々しくテレビコマーシャルをやっている会社の業績が悪化したり、場合によっては倒産するケースがあります。しかし、私の感覚からすると、「高いテレビコマーシャルを打たないと顧客を集められないようなビジネスなのだから、要注意である」ということにほかなりません。

最も儲かる商品は、顧客獲得コストがほとんどただの商品です。すなわち、**一度買った人が必ずリピーターになってくれて、かつ、その商品の良さを勝手に口コミで他の人に伝えてくれるような商品が儲かります**。

ただ、顧客獲得コストはかけなければいいかというと必ずしもそうではなくて、今後、その顧客から回収できるであろう利益とのバランスの中で投資をすべき部分です。企業が広告宣伝費や販売促進費を抑えると、その期は儲かるかもしれませんが、顧客の伸びが止まるため、その次の期から儲からないようになってしまいます。

これを行ってしまったのが、まさしくソフトバンクに買収される前のボーダフォンです。2003年以降、契約の販売促進費を抑えてしまったため、顧客がほとんど増えなくなり、一時的に利益は上がったものの、その後、利益が激減してしまいました。

最近、ネットでアフィリエイト広告がはやっているのも、顧客獲得コストを下げようとする動きの1つです。なぜなら、アフィリエイト広告の場合には売上高に応じて顧客獲得コストが生じるため、そのアフィリエイト広告に対する支払いパーセントの値付けさえ間違えなければ、必ず儲かる水準に顧客コストをコントロールできるためです。

したがって、儲かるビジネスというのは、なるべく顧客獲得コストをかけなくても顧客が集まってくるビジネスのことなのです。だからこそ、先行者利得を得たり、ブランディングを確立したり、規模の利益を得ることが大事になります。

変数3 オーバースペックを避けて、顧客原価をコントロールする

次の変数は顧客原価です。せっかく投資をして顧客を獲得してきたのですから、いち早く、その投資を回収しなければなりません。そのためには、顧客単価とその商品・サービ

スの提供に必要な顧客原価のコントロールが重要になります。

顧客原価は直接コストと、間接コストの配賦の合計になります。直接コストは顧客当たりに一定量かかるものです。レストランであれば、材料費が直接コストになります。一方、間接コストは共通してかかるものが配賦されるもので、人件費や地代などになります。

私は証券アナリストの時代に、新興企業の中で本当に伸びる企業とそうでない企業を判断する時には、その会社がどのくらい原価に気を遣っているのかをチェックしていました。なぜなら、原価管理をしっかりと行うことができている会社は業績の当たり外れが少ないためです。原価管理が甘い会社は、売上が急拡大している時にはいいのですが、何かの逆風が吹いた途端にあっという間に崩れてしまうためです。

原価を抑えるためには、**「顧客の購買ポイントを押さえ、そこには十分にコストをかけるが、それ以外の面ではオーバースペックを避ける」ということが基本**になります。

どうしても、高度成長時代のクセで、なるべく高機能、高性能のような、わかりやすい面に提供者の視点は行くため、必要以上のコストをかけがちですが、顧客がなぜその商品を買うのかということを考え、顧客が気にする部分だけはコストをかけてアピールし、顧客の判断基準に関係しないところについてはコストを抑えていくことが必要になります。

よく、「自社ビルを建てた会社の業績は悪化するケースが多い」というのは、まさしく、その会社のビルが自社ビルなのか、賃貸なのかは、顧客の購買行動にとって一切関係ないためです。それなのに、割高な自社ビルを建ててしまうと、その償却負担が原価となり、利益が下がってしまいます。

ただ、原価をあまりにもケチりすぎると、顧客にも原価が低いことがわかってしまうため、今度は顧客単価が下がってしまう可能性があります。したがって、顧客原価の調整についても、バランスが必要なのです。

変数4 顧客数の拡大が良循環を生む

最後の変数は顧客数です。顧客当たりの儲けに顧客数を掛けると、利益になります。そして、各企業が売上の拡大、シェアの拡大を考える時には、顧客単価を上げることも重要ですが、通常は顧客数を増やすことにリソースを割くことが多いのです。

それはなぜかというと単純で、顧客が勢いよく増える時期には、単にこれまでの顧客当たりの利益を単純な掛け算で増やすだけの算術的な儲けの広がりだけではなく、「顧客数の拡大は、他の3つの変数への良循環を生む力」になり、幾何級数的な儲けの伸びがあるためなのです。

まず、変数1の顧客単価ですが、顧客数が拡大していくと関連する商品・サービスを開発する余力が生まれ、既存顧客への重ね売りがしやすくなります。

次の、変数2の顧客獲得コストですが、顧客が拡大するにつれて口コミが発生したり、関連メディアが取り上げる、あるいは広告宣伝がより効果的に打てるようになるなど、市場に浸透しきる前の成長期には、顧客数の拡大が顧客獲得コストの縮小になるのです。

変数3の顧客原価ですが、こちらも顧客数が増えることで、とくに固定費部分の顧客頭割の原価が下がります。また、変動費部分も仕入れ量が増えることで、ボリュームディスカウントが効くようになります。いわゆる「規模の利益」といわれる効果です。

ここにさらに、顧客数が伸びるわけですから、

顧客1人当たりの利益の伸び×顧客数の伸び

のダブル効果で、ヒットした商品・サービスは一気に利益が伸びるようになるのです。

「万能利益の方程式」のいいところは、アバウトな計算でいいこと

利益＝（顧客当たり単価－顧客当たり獲得コスト－顧客当たり原価）×顧客数

もう一度まとめておきましょう。万能利益の方程式の利点は、以下の2つです。

❶ 4つのキーレバーに分解されており、管理がしやすいこと
❷ あまり細かい計算がいらないこと

顧客当たりの利益の計算は桁違いをしなければ、会計利益に比べておおむね10～20％前後の誤差があってもかまわないと思っています。なぜなら、この利益の方程式でやりたいことは、日々の行動の指針とするための目安であり、正確な計算をすることが目的ではないからです。

逆に、細かく計算をしないと利益が出たか、出ないかわからないような商品・サービスの場合には、その事業は危険だということになります。大事なのは、ざっくりとしたトレンドを常に、この方程式によって把握しておくことです。

次の章から、この方程式を土台にして、具体的に全体のバランスのさせ方、それぞれの変数の特徴とどうやったら儲かるかということを説明していきます。

第2章を補足するお薦めの参考文献

『財務会計・入門――企業活動を描き出す会社情報とその活用』（桜井久勝・須田一幸著、有斐閣）

万能利益の方程式では必ずしも細かい財務情報は必要ありませんが、それでも、財務情報の基礎を読めるに越したことはありません。とくに、自社ではなく、他社の財務情報を読む際には公開情報から入手するため、財務情報を読めることが好ましく、この本はていねいに、かつ、やさしく、財務会計について網羅しています。

第3章

利益を上げる方程式の解き方

万能利益の方程式をカジュアルフレンチ・レストランに当てはめてみる

たとえば、万能利益の方程式の使い方について、簡単な事例としてカジュアルフレンチのレストランオーナーになったつもりで考えてみましょう。

まずは顧客単価です。6000円のコースが基本で、あとは食前酒とワインを加えて、だいたい8000円くらいが目安でしょう。食材費はおおむね40％くらいの原価として、顧客当たり3200円の原価がかかるわけです。

すると、1人当たりの儲けは8000円－3200円＝4800円ですから、このレストランのオーナーが1日に20万円の粗利益を稼ごうと思ったら、20万円÷4800円＝41・6人で、約42人のお客さまが来てくれればいいことになります。営業日数を月25日間とすると、20万円×25日＝500万円。ここから、シェフやウェイターの人件費、借りている建物の賃貸料などを支払って、残りはオーナーの儲けになります。

そんなに難しくないじゃないかと思うでしょうが、実際にはそうはいきません。まず、上記の計算の中では、万能利益の方程式のうち、「顧客獲得コスト」の部分が抜けているためです。実際、よほど立地がよく、評判がよくない限り、顧客単価8000円のレストランの競争は非常に激しいため、いろいろな方法で集客をする必要があるのです。

たとえば、集客のため、ホームページを作ってみましょう。月々5万円かけてこの作業をアウトソースするとします。このホームページを見てレストランを訪れてくれる人は、通常は1日に2～3人、1月延べでも50人くらいでしょうから、5万円÷50人＝1000円で、1人当たり1000円の顧客獲得コストがかかっているわけです。すると、4800円あったはずの儲けが、3800円に減ってしまいます。逆に、非常によいホームページで1日20人も30人も予約が入るとしたら、月に500人来るとして、1人当たりの顧客獲得コストはわずか100円まで下がります。

ほかにも、「ぐるなび」のようなポータルサイトに登録して、顧客を呼ぶことも可能でしょう。ただ、この場合には通常、クーポンなどを使って顧客に値引きをしますので、たとえば「このページをプリントアウトしてくると、通常6000円のコースを5000円でサービス」とすると、同じく顧客獲得コストに1000円かけていることになります。

こうして計算してみると、このような広告宣伝をするくらいであれば、実は食材費を1人当たり300円とか500円とか増やして、料理の味自体を数段よくして、口コミで集客することの方が、このレストランオーナーにとっては有意義かもしれません。ところが、口コミの難点というのは、今来ているお客と似た層を呼ぶことはできるのですが、違う層にはアクセスできなくなるため、徐々にお客が先細り、あるいは高齢化していく事態が起きてしまうことです。

したがって、適度な広告宣伝活動は継続して行う必要があるのですが、その時に広告宣伝活動に予算を割きすぎたあまり儲けが少なくなり、そこで儲けを大きくしようと思って食材費を削ると、とたんに顧客の評判が落ちて、一時的には儲けが増えても、その後の顧客獲得コストが上がってしまいます。

また、集客はしすぎてもいけません。たとえばメディアなどに取り上げられて、あまり一気に顧客が集まってしまうと予約が取りにくくなり、常連顧客のリピート率が下がり、ブームが過ぎた後に再びまた、顧客獲得コストがかさむことになってしまうのです。

すると、顧客単価を上げるために、6000円以外のコース、たとえば1万円や1万2000円のコースを用意すればいいのかということになりますが、それはそれでまた、食材の仕入れがかさみ、オペレーションも複雑になり、必ずしも利益につながるとは限らないのです。

したがって、オーナーはコックピットに座って、いろいろな計器を見ながら飛行機を操縦するかのように、**顧客単価・顧客獲得コスト・顧客原価・顧客数の4つのバランス**

を見極めながら、いかに利益を上げ続けるかを問われることになります。通常、あちらを立てればこちらが立たず、ということで、この4つをいかにリバランスしていくかということがマネジメントになります。

ただ、同じ悪天候の中を運行する際にも、計器がしっかりと高度や行き先を指示してくれている時と、勘に頼って視認をしながら操縦をするのとでは、パイロットに必要な熟練度も、疲れもまったく異なるため、この4つについてはいつも頭の中に入れておき、空《そら》でイメージできるようにしておくのがコツです。

利益を上げるための4つの原則

では、具体的にどうやって、4つの変数を見ていくのでしょうか。私たちが万能利益の方程式に基づき利益を上げるためには、4つの変数それぞれについて、下記のような原理原則を実行することで、利益を上げることができます。

原則1　顧客単価→顧客単価を1円でも、2円でも上げる努力をすること

原則2　顧客獲得コスト→顧客獲得コストを限りなく0に近づけること

原則3 顧客原価↓顧客原価を、顧客が感じる価値を損なわないようにしながら、限りなく小さくすること

原則4 顧客数↓顧客数を市場浸透度とのバランスを取りながら、増やしていくこと

すなわち、なるべく顧客獲得コストを使わずに、なるべく原価率の低い商品・サービスを、なるべく顧客を増やして、なるべく顧客単価を上げるということで、利益が上がるようになります。

これは当たり前のように聞こえますが、後で説明するとおり、当たり前すぎて単純ではありません。このままでは、「利益を上げるためには売上を増やして、コストを下げればいい」と言っていることとあまり変わらないからです。

したがって、より確実に利益を上げるためには、それぞれの変数について、より要素分解をしながら、一人ひとりが行動につなげられるまで、具体的な手法を細部に落とし込む必要があります。この本のゴールもまさしくその部分にあるのですが、この章では、4つの原則の概要について説明していきます。よりくわしくは、後でそれぞれの原則ごとに章をもうけていますので、ここでは全体像と、大事なポイントを一緒につかんでいくことにします。

顧客単価を1円でも上げること

1つ目の原則は「顧客単価を1円でも上げること」です。まず、利益に対する影響で言うと、顧客単価が最も重要です。なぜなら、顧客の原価削減は顧客単価の範囲でしか行えないためです。一方、顧客単価は理論的にはいくらでも上昇させることが可能です。また、顧客はさすがに10％の値段の違いはわかりますが、実は2～5％くらいの違いではよほど価格に敏感な人以外、気づかないのです。すなわち、顧客単価をいかにぎりぎりまで高めにするかということで、利益水準が左右されてしまうのです。

レストランのコースを5800円にするのか、6000円にするのか迷った場合は、6000円にします。なぜなら、5800円なら注文するけれども、6000円なら注文しないという人はほとんどいないからです。

たかだか200円の差と思うでしょうが、この食材原価が2400円だった場合、5800円では3400円、6000円では3600円の儲けになります。パーセントにして約5・9％も儲けが大きいのです。

また、よくレストランで4000円、6000円、8000円など、いくつかのコース

複数のコースを用意すると顧客単価が上がる

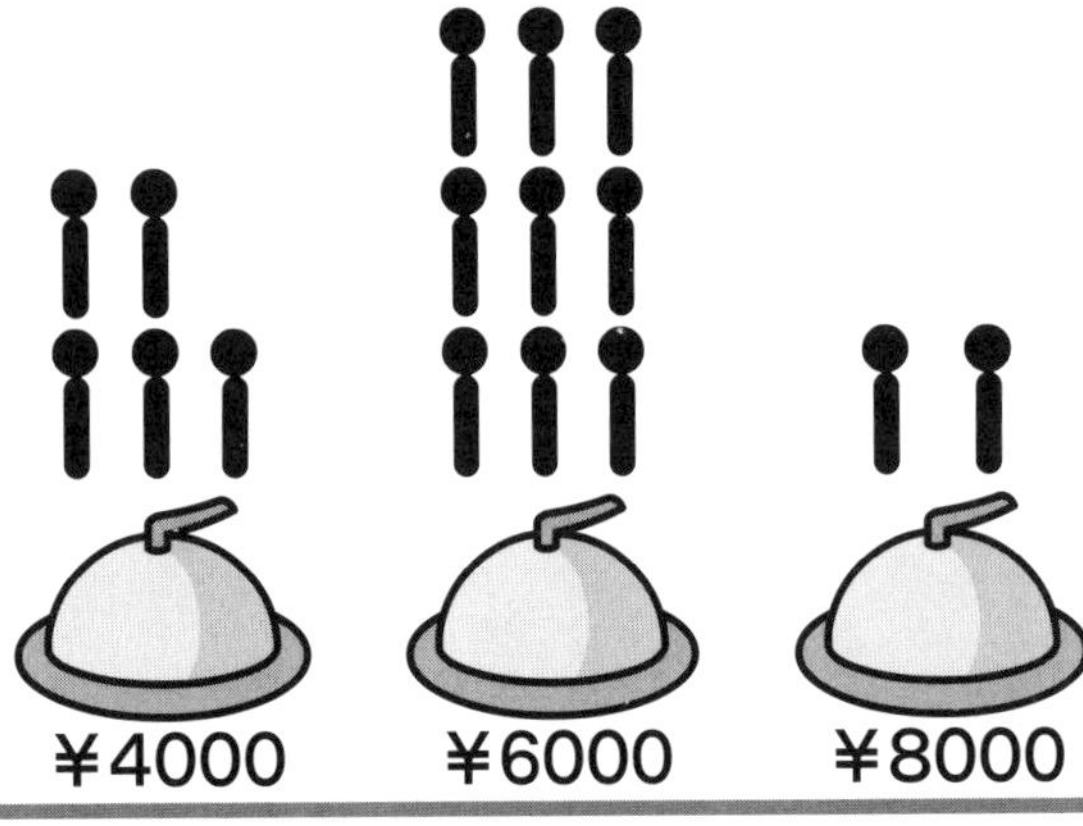

を用意するのも、顧客単価を上げるための手法です。3つのランクがあった場合、まん中のコースを選ぶ人が多いため、自分が望む顧客単価に顧客を誘導することができます。

顧客単価の上げ方については、第4章で具体的なテクニックについて説明をしていきたいと思いますが、いずれにせよ、**「いかに1円でも高い金額を、顧客に気持ちよく払ってもらうか」ということが顧客単価上昇のポイント**になります。

ところが、日本のビジネスにおいては、いかに価格を上げるかということについては今まであまり重視されてきていませんし、そのノウハウも蓄積されているとは言いがたい状態だと思います。だからこそ、日本人が利益を上げようと思った場合に、顧客単価をいかに上げるかを学ぶことは、大変重要なのです。

顧客獲得コストを限りなく0に近づける

2つ目の原則は「顧客獲得コストを限りなく0に近づけること」です。顧客獲得コストはとくに最近、注目されてきました。なぜなら、私たちが豊かになり、わがままになることで、嗜好が多様化し、顧客の獲得がどんどん難しくなってきたためです。しかし、その割には**日本人は全体的にまだ「良い商品・サービスなら売れる」という思い込みが強く、あまりこの部分に力を入れてきたとは言いがたい状態**だと思います。

すでに私たちは基本的なニーズはほとんど満たされている生活をしていますので、新しいものを顧客に購入させるのは至難の業なのです。したがって、いかに顧客にアピールするか、それもあまり無駄なお金を使わないでアピールするか、ということが最近のビジネスにおいて、収益性や事業規模を決める重要な概念になってきています。

しかも、それは直接の最終消費者にサービスを行うB2C系のビジネスだけではなく、産業間のビジネスであるB2Bでも顧客獲得コストは重要になってきました。なぜなら、商品サイクルも短くなってきている上、これまで信頼関係を一度構築すればリピートオーダーが来やすかったのに、最近は発注側もどんどんと品質・コストにシビアになってきているためです。

もちろん、顧客獲得コストは使わないに越したことはなく、究極的には0が理想です。顧客獲得コスト0とは、どういう状態なのか。こちらが宣伝せずともすぐに買ってくれる人たちを増やすことができる、すなわち、リピーターやファンをつかむということです。よいサービスを一度供給することで、その後、必ず買ってくれるようなリピーターやファンをどれだけつかむかということで、私たちの商品・サービスの収益性は大きく変わります。あるいは、ファンでなくても、一度でも商品・サービスを買ってしまうと、リピーターにならざるを得ないようなビジネスモデルを組むこともとても重要です。

また、会社のブランドが重要なのも、顧客獲得コストに大きく関わるためです。私たちはブランドというと、ブランド品のロゴを思い出しがちですが、ブランドはもっと広い定義において、**「これまで消費者がそのブランドに対して体験してきた顧客評判」を具現化してきたものだ**と考えた方がいいでしょう。

すなわち、まったく同じ商品でも、ノーブランドのものとよく知られたブランドのものがあった場合に、自然にブランド品に手が伸びるのは、その商品に対する顧客の評判や自分の経験を信じているためです。したがって、**顧客獲得コストを下げるためには、顧客**

満足度を上げることが近道になります。

さらに、インターネットが発達してきたことで、顧客を獲得する手法が広がり、管理がよりややこしくなってきました。しかし、ネットの有無にかかわらず、顧客の獲得は商品・サービスの開発と同等か、それ以上に大事な要素として、ビジネスをする人のすべてがくわしく検討をしていく必要があります。

顧客獲得コストの考え方、下げ方については第5章で具体的な事例を踏まえながら、学んでいきます。

顧客原価を、顧客が感じる価値を損なわないで、限りなく小さくする

3つ目の原則は「顧客原価を、顧客が感じる価値を損なわないようにしながら、限りなく小さくすること」です。

顧客原価で大事なことは、むやみやたらにケチるのではなく、顧客が価値を感じるところには必要なコストをかけ、そうでないところは徹底してコストを省く、というメリハリをつけることになります。さらに言うと、顧客が価値を感じていないところは堂々と原価を削って、無駄を避けた方がいいということになります。

ところが、これまで、日本企業が提供する商品・サービスはある意味、顧客が価値を感じないところにまで、多額の開発費や原価を使ってしまっていました。大事なことは、**「なぜ、顧客はその商品・サービスに効用を感じているのか」ということをしっかりと場合分けをして、顧客の価値に貢献している部分を抽出してくる必要がある**ということです。この作業を怠ったまま、一律の原価の引き下げを行うと、あっという間に顧客離れが起きます。

また、原価は提供する商品・サービスの性質や、必要な原材料、日本という私たちの位置、顧客の嗜好など、所与の要件の中で相対的に条件が決まってしまう部分が多く、企業が自主的にコントロールできるところは意外と多くありません。

したがって、原価を下げるためには、ある分野を先に決めて無理矢理に原価を下げる努力をするのではなく、構造上、**自分であれば、どの分野だったら安い原価で参入できるのかというように逆算をして考えることも重要です**。すなわち、努力も大切ですが、その努力をより、自身が他社よりも有利になれる分野に振り向けることがポイントなのです。

顧客原価の下げ方、事例については第6章で一緒に考えていきましょう。

顧客数を市場浸透度とのバランスを取りながら、増やしていく

最後の原則は「顧客数を市場浸透度とのバランスを取りながら、増やしていくこと」です。実はこの顧客数についても、増えていく顧客が多ければ多いほどいいとは限らないのです。なぜなら、もともとの市場規模に対して、多すぎる顧客数を取ってしまうと、それは適切な価格よりも安い価格を提示してしまっているため、市場の先食いをしているだけで、かえって利益を減らしているかもしれないからです。

また、サービスの供給能力以上の顧客を取ってしまうと、設備投資が必要になります。設備投資は往々にして遅すぎて、しかも金額が大きすぎたということになりがちで、利益が上がらなくなってしまうということもしばしばです。

とはいえ、顧客を取ることで固定費の頭割配賦が下がり、原価にボリュームディスカウントが効くようになるなど、コスト的に優位に立ちやすくなるため、より多くの顧客層に新しいサービスを提供するという好循環を生めるようにもなります。

そのためにも、潜在市場の大きさ、ライバル社が追いついてくるスピードの両方をにらみながら、最適なスピードで顧客を拡大していく必要があります。適度な顧客の拡張は利

益拡大のためには必須なのです。この部分については、第7章でくわしく説明します。

4つの原則の実行はそれほど単純な話ではない

これまで説明してきた4つの原則ですが、1つひとつの方向性はわかりやすいのですが、実際に行ってみると、実はそんなに簡単ではないことがわかります。

たとえば、顧客単価を上げようということ1つをとってみても、顧客単価は通常、同じサービスを提供している限りでは、だんだん下がっていく傾向があるため、顧客単価を上げるためには工夫が必要になります。

なぜなら、ライバル社から他の新鮮なサービスがどんどんと投入されるため、既存のサービスは飽きられやすく値引きが必要になってくること、顧客は初めのうちの顧客が一番金払いがよく、だんだんと価格感受性が高い顧客に層がシフトしていくため、顧客単価は常に下方に動こうとする力学が働くためです。

顧客獲得コストも同様です。初めのうちは、アクセスしやすく、動きやすい顧客からアプローチできるため、広告宣伝などの効果も上がりやすいのですが、顧客の開拓が進むにつれて、だんだんと大きく訴求しないと動かない層に未開拓顧客が移っていくため、顧客

食材コストを下げると、あっという間に顧客は離れる

獲得コストは市場の拡大と共に上がります。しかも、たちが悪いことに、上記のとおり、顧客獲得コストがかさむ割には、せっかく取った顧客の単価は通常、最初の頃に取った顧客よりも下がっていくのです。

同じように、**顧客原価については、「消費者は意外と賢い」ということに気をつけるべき**だと考えます。顧客が感じている価値を動かしてしまうような顧客原価の変動については、顧客は敏感に気づきます。たとえば、レストランに関しては顧客の舌は敏感で、食材コストを下げて、味に難が出てくるとあっという間に顧客が離れてしまうのです。

通常、一定規模の人数が集まると一人ひとりが判断をするよりも正しい判断が可能になり、これを**「集団の知恵」**と呼びます。複数の顧

客は非常に手強い相手であり、顧客原価を下げようとした場合には、一人ひとりではなく、賢い集団を相手にしていることを考えなければならないのです。

最後の顧客数も、**気をつけたいのは潜在市場の顧客数は有限である、ということ**です。顧客が増えていく過程においては、対象としている潜在市場がまるで無限の可能性があるかのように感じられるのですが、どこかでぱたっと顧客増加が止まり、減少に向かうポイントがあります。そこにはまってからあわてても、努力が報われないため、いかに潜在市場の人数を把握しておくか、そして、今現在、その潜在市場のどこまでを顧客として取り込んでしまっているか、新しい顧客をどのような手段で開拓しておくべきか、ということが常に求められるわけです。

そして、4つの原則のバランスもとても難しいものがあります。顧客単価を上げると潜在市場が狭まって、顧客数が広がらなくなるかもしれません。顧客原価を下げると顧客獲得コストが上がる可能性があります。顧客獲得コストを下げると、質のよい顧客にリーチできなくなります。四方すべてよし、ということはなかなか難しいのです。

仮説構築、実行、検証の積み重ねだけが方程式を解いていく鍵になる

では、どうやって、4つの原則のバランスを取るかということなのですが、結局は**「実際にやってみないとわからない」ということに尽きる**のです。

たとえば、広告を1つ打つにしても、チラシ広告で30万円、インターネット広告で1クリック当たり100円、雑誌広告だと300万円かかるとして、顧客獲得コストとしてどれが一番よい方法であり、いい顧客がつかめるのか。

これは、やってみないとわからないのです。ただ、その時に大事なことは、以下の手順で、**仮説構築→実行→検証のプロセスを必ず踏むこと**です。

❶仮説構築

類似事例の分析やシミュレーションを行うことにより、仮説を立てて、仮計算を行います。どのチャネルでは何人の顧客が獲得できる見込みであるから、どこまで予算をかけてよくて、どのようなプロモーションを行うのか、予定を立てます。

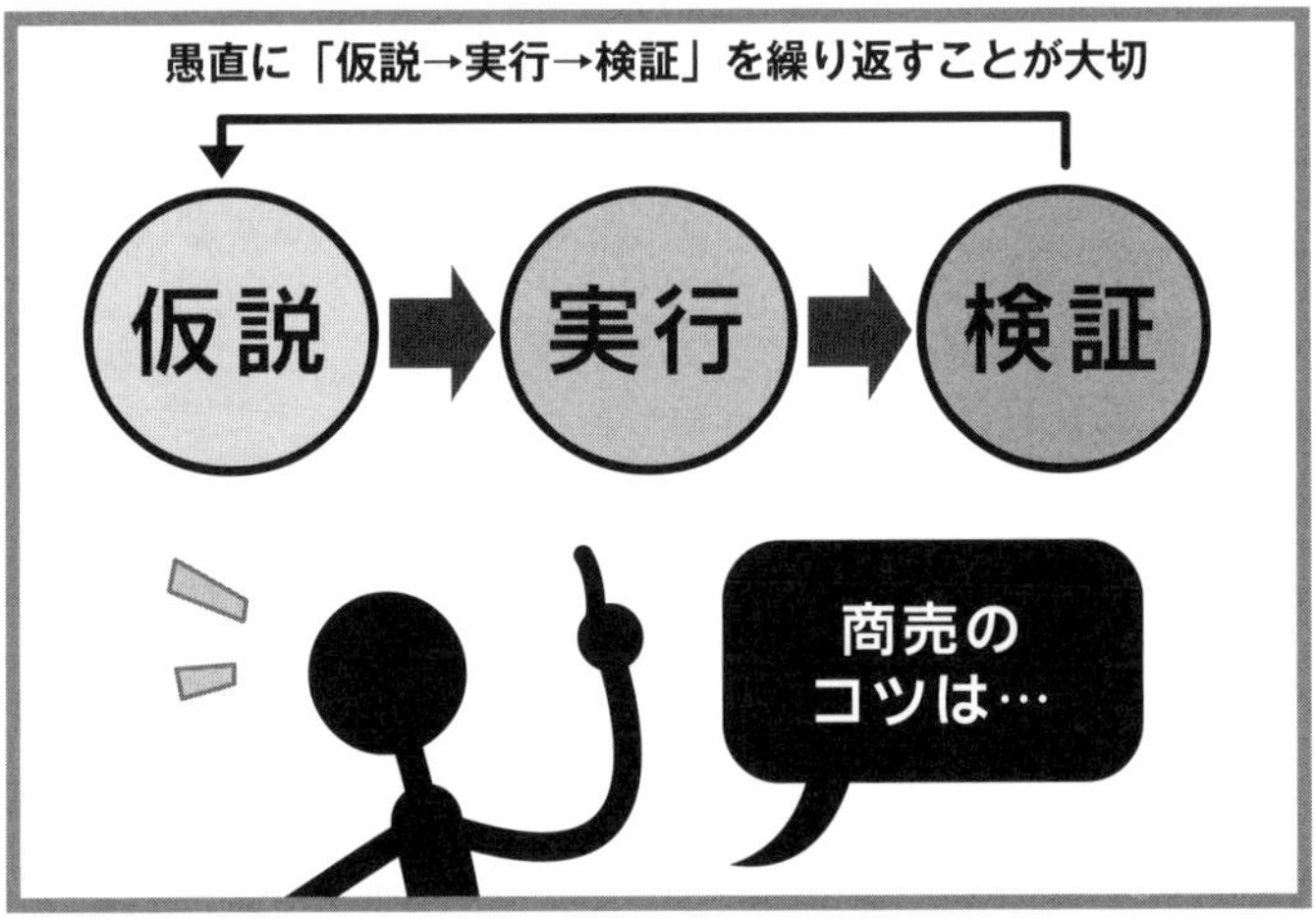

❷実行

仮説に基づいて、実際の施策を行います。素早く、かつ、なるべくコストがかからない方法で行うことと、かつ、結果を収集しやすいフォーマットで実行するのがコツです。

❸検証

実際の結果を収集し、❶の仮説と比べて検証を行います。❶のうちどの部分の前提を修正すべきだったのか、このプロモーションにより、新しく手に入った情報は何なのか、整理します。

仮説→実行→検証のプロセスを繰り返し行うことにより、新しい情報を手に入れて、コックピットの計器の精度をより高めていく努力を続けていき、バランスを皮膚感覚でつかめるよう、経験を蓄えていきます。

私が企業の診断をしたり、ビジネスモデルを評価する時には、そのビジネスモデル自体の有望さもさることながら、その後、間違っていた場合に、どのようなプロセスで正しい道に近づけるかという仕組みがどれくらいしっかりしているかということにも注目します。

たとえば、2008年2月末現在、時価総額が3300億円もあり、モバゲーやモバオクで今をときめくディー・エヌ・エーという会社があります。この会社の創業者は、私のマッキンゼー時代の先輩である南場智子さんですが、ちょうど南場さんがこの会社のアイデアを考えている1998年当時、私は南場さんの部屋に呼ばれて、どう思うか、と聞かれたことがありました。

当時のビジネスモデルはパソコンを中心としたオークションで、正直、「顧客獲得コストと生涯価値がバランスしないのでは」という懸念を持ったのですが、実際に初めに立ち上げたビッダーズというサイトはそのとおりになり、あまり儲かりませんでした。

しかし、南場さんを始めとした経営陣のすごいところは、そこで決してあきらめずに新しいビジネスを探し続けて、とうとう携帯電話の3G化と料金定額制という追い風を契機に、モバオクという携帯電話のオークションビジネスにつなげて、さらに、モバゲーやポケットアフィリエイトといったような新しいプラットフォームを実現するに至ったことです。

私は今でも、1998年に最初のビジネスプランを説明してくれた南場さんのきらきらしたお顔と、2004年にまだモバオクの存在がほとんど知られていない頃、同じくマッキンゼーの元同僚で現ディー・エヌ・エーCOOの川田尚吾さんが飲み会の席で、「これがいいんだよ」と携帯電話のモバオクの画面を片手に説明をしてくれた光景をまざまざと思い出すことができます。

いつも思うのですが、**成功というのは、成功するまで仮説→実行→検証を繰り返すこと**ではないかと思います。まったく自慢にはなりませんが、私も初めてのベストセラーとなった『無理なく続けられる 年収10倍アップ勉強法』（ディスカヴァー・トゥエンティワン）の前に書いていたいくつかの共著や単著は本当に売れませんでした。しかし、そこから学ぶことはとても多く、次の仮説→実行→検証のプロセスにつなげることができました。

このような仮説→実行→検証のプロセスは、大がかりな広告宣伝のキャンペーンや新規事業の立ち上げのようなものに限らず、日常の仕事の中での意思決定でも、私たち一人ひとりが常に心掛けることが必要になります。

たとえば、このお客さんに対していくら値付けしようかなと思った時に、これぐらい割り引けば契約するかどうかということを実験すると、どこが適切な顧客単価なのか、顧客原価率なのか、理解できるようになります。顧客獲得コストについては、どのくらい接待してサービスするかを考えます。そして、これを全部、顧客当たりで頭の中で常にイメージしていくわけです。

顧客ごとの粗利益がわかったら、自分のノルマを稼ぐには、顧客数がどのくらい必要なのか、逆算できるようになります。また、顧客単価、顧客獲得コスト、顧客原価についても流動的ですから、頭の中で常に「万能利益の方程式」を空《そら》で計算できるようにするのです。

この感覚さえつかめれば、しめたものです。あとは、常に仮説構築→実行→検証のプロセスを通じて、より多くの経験を積んでいくことで、ほかの人では真似ができない、あなたならではの利益のレシピが構築されることになります。

では、ここまでは抽象論がやや多かったので、次章以降では、4つの変数および原理原則について、それぞれもう少し深く掘り下げていきましょう。

第3章を補足するお薦めの参考文献

『問題解決プロフェッショナル「思考と技術」』（齋藤嘉則著、ダイヤモンド社）

仮説→実行→検証のプロセスにおいて、問題解決の手法の習得が必要になります。問題解決に関する本はいろいろ出ていますが、1冊だけ推薦しろと言われれば、やはりこの本が決定版です。

第4章

原則1

どうやって顧客単価を上げるのか

顧客単価について必要な5つの基本知識

この章では、顧客単価を上げていくための基本知識を学び、その上で、具体的なテクニックを説明していきます。そのためにはまず、顧客単価について左記の5つの基本知識を理解することが必要です。この基本知識を知っていれば、基本の後に説明する実例や応用について、この基本知識を組み合わせて使っているのだなということで、すんなりと頭に入っていくと思います。

基本知識さえしっかりと根付いていれば、テクニックはいろいろな応用が利きます。逆に、基本知識を理解しないままにテクニックばかり探し求めてしまうと、かえって効率が悪くなりますので、ぜひ、注意をしてください。

基本知識1 **顧客単価が利益に最も影響する**

基本知識2 **顧客単価と潜在顧客数は相反する**

基本知識3 **顧客が増えるほど、平均顧客単価は下がっていく**

基本知識4 **顧客の持つニーズ、とくにコンプレックスの大きさに応じて顧客単価は決**

まる

基本知識5 プライシングとは、顧客が気持ちよくお金を支払ってしまう仕組みのことである

以下、順番に説明していきます。

基本知識1 顧客単価が利益に最も影響する

繰り返しになりますが、4つの変数のうち、利益に最も効くのは、顧客単価です。たとえば、日本の上場企業はおおむね、営業利益率が10%前後しかありません。そうすると、単純な話ですが、顧客単価を1%値上げすることができて、コストがこれまでどおりの水準であれば、営業利益率10%だった会社は11%になりますから、それだけで、10%の増益になるのです。

ところが、どの業界でも、売上ノルマを達成するために一番簡単な方法、すなわち、値下げをどんどん行ってしまうため、ライバル社が値下げをすると、自分たちも値下げをせざるを得なくなり、どんどん値下げのスパイラルにはまってしまうわけです。

このように、価格は利益についての最重要レバーであるにもかかわらず、科学的に管理されているとは言いがたい現状だと思います。多くの場合は、原価プラスα、それにライバル社との価格のバランスで価格を決定してしまっているのではないでしょうか。

しかし、価格は左記の4つのバランスの中から決まってくるものです。

❶顧客がその商品に感じる価値
❷商品の原価
❸同業他社の同等商品の売価
❹顧客がその商品と同等の価値を感じる商品の売価

通常、❷と❸の要素はみな注視しますが、❶の顧客が感じる価値と❹の同等の価値を感じる商品の売価の要素は忘れがちです。顧客単価を上げるためには、実は❶の顧客価値をどのように説明するかが最も重要になります。ブランド品はこの顧客価値を最大化しているからこそ、原価とは大きく離れた価格をつけられるのです。

顧客はその商品を買うことで、どのような効用を得るかで満足します。私がまだかけ出しの経営コンサルタントの頃、海外から価格付けを専門にしているシニアコンサルタントを日本に呼んだことがあります。

そのシニアコンサルタントといろいろ議論をしていた時に「ほおーーーーっ」と目から鱗が落ちたのは、次の発言でした。

「価格は高くてもいいんだよ。なぜなら、価格が高いほど、顧客はいいものを買ったと満足するからね」

もちろん、質の悪いものを高い価格で売ることは論外でしょうが、高い質のものであれば、顧客がその価値を納得すれば、原価に関係なく、顧客の価値に合わせた価格を付けることができます。

また、同じシニアコンサルタントと議論をしていて、値引きの話になった時に、こういうことも教えてくれました。

「値段を下げて欲しいという相手には、どのような支払い方法だったら、相手の予算に合うのか話をして、分割払いや、余計なオプションを削ることで対応するんだよ。あくまで、『顧客が支払った感じ』が下がればいいのだから」

たとえば、B2Bビジネスでどうしても断れない大口顧客先から値引きを要求された場合には、以下のような3つの手段を併用します。

①顧客が値引きを要求したら、必ず、ふだんだったら付けていたオプションを削る、提供内容を少なくするという形で、値引き後のトレードオフを示して、支払う価値を感じさせます。

なぜなら、下手に値引きをのむと、その後も無料でいろいろと新しいサービスの追加を要求されることがままあるためです。新サービスや仕様変更については必ず追加コストが生じるということを、相手に示します。

②成功報酬を組み合わせます。買って使った後に価値がわかる商品も少なくありません。そういう場合には、「原価のX％以上の削減効果があった時には……」などの条件を契約書に織り込み、その算定方法も加えた上で、事後に追加支払いを依頼できるスキームを埋め込んでおきます。このような成功報酬スキームをある意味、簡便にしたものが、コピー機の割高なトナーだったり、利用料金だったりするわけです。

③決裁権者によって最大限の予算が決まっていれば、その最大限の予算で行える最良のオファーを提示します。その際には、支払い方法についても分割を含み、共同で考え抜きます。

つまり、❶顧客がその商品に感じる価値、❷商品の原価、❸同業他社の同等商品の売価、❹顧客がその商品と同等の価値を感じる商品の売価の4つのファクターのうち、私たちはどうしても❶の顧客がその商品に感じる価値は所与のものとしてコントロールできないことを前提に値引き交渉などに臨みがちですが、そうではなくて、顧客価値そのものをコミュニケーションを通じて変えてしまおうというのが抜本的な発想です。

この考え方を「バリュー・プライシング」（価値創造による価格付け）と呼びます。ぜひ、顧客単価について、このバリュー・プライシングの発想を自分のものにしてもらいたいと思います。

基本知識2 顧客単価と潜在顧客数は相反する

顧客単価が利益に対して一番重要な変数だということは、基本知識1で理解していただいたことでしょう。わずか数％の価格上昇が、数十％以上の利益インパクトをもたらすのです。

そして、顧客単価は、バリュー・プライシング、すなわち顧客の価値への感じ方を変えたり、あるいは支払い方法の工夫や追加オプションなどさまざまな手法で上げることができることは説明しました。しかし、残念ながら、顧客単価は無限に上げることはできない

顧客数が増えるほど顧客単価は下がる

のです。

あるターゲットユーザーに対して、ある商品・サービスを売ることを考えた場合、標準的な顧客単価があったとすると、それを20％前後くらいは上下することができますが、それを2倍、3倍にはなかなかできません。これは直感的にも、皮膚感覚でもわかるものだと思いますが、では、なぜ動かせないのでしょうか？

答えは簡単で、**「すべての人には可処分所得を上限とした予算がある」**ためです。値付けは同等商品の価格と比較すると言いましたが、逆に、同じ予算があれば、その予算で当人が実現できるであろう、他のあらゆる購買オプションと比較がなされるためです。

顧客数が増えるほど顧客単価が下がること、私はこれを**「貧民効果」**と呼んでいます。顧客単価は代替品との比較優位で決まるという説明をしてきましたが、価格というレンズを通じて、ある意味、私たちの商品はすべての他の商品と比較されるのです。

たとえば、この原稿を書いている２００７年12月現在、ミシュランのレストランガイドの東京版（『ＭＩＣＨＥＬＩＮ ＧＵＩＤＥ 東京 ２００８』）が初めて発売され、非常によく売れています。そして、ここでのポイントは何かというと、ミシュラン本を買うには２３１０円しかいらないが、ミシュランに載っているレストランに行くには顧客単価が数万円かかるということです。

つまり、ミシュランの本はなぜ飛ぶように売れるかというと、これまで、ミシュランに載ったレストランに行けなかった人が、その憧れから眺めて、レストランに行った気になるために買うからなのです。

次ページの図３は、国税庁が毎年行っている「民間給与の実態調査結果」から給与所得者の分布をグラフにして示したものです。

おそらく、顧客単価数万円のミシュランのガイドに収載されたレストランに気軽に行けるのは、接待で使うケースを含めても、給与所得が男女共に、年収１０００万円以上の人でしょう。そんな人たちは、年間を通じて勤務した給与所得者４４８４万人のうち、２２４万人、わずか５％です。しかも、ミシュラン東京版が案内する店に手軽に行ける東京周

図3　給与所得者の分布

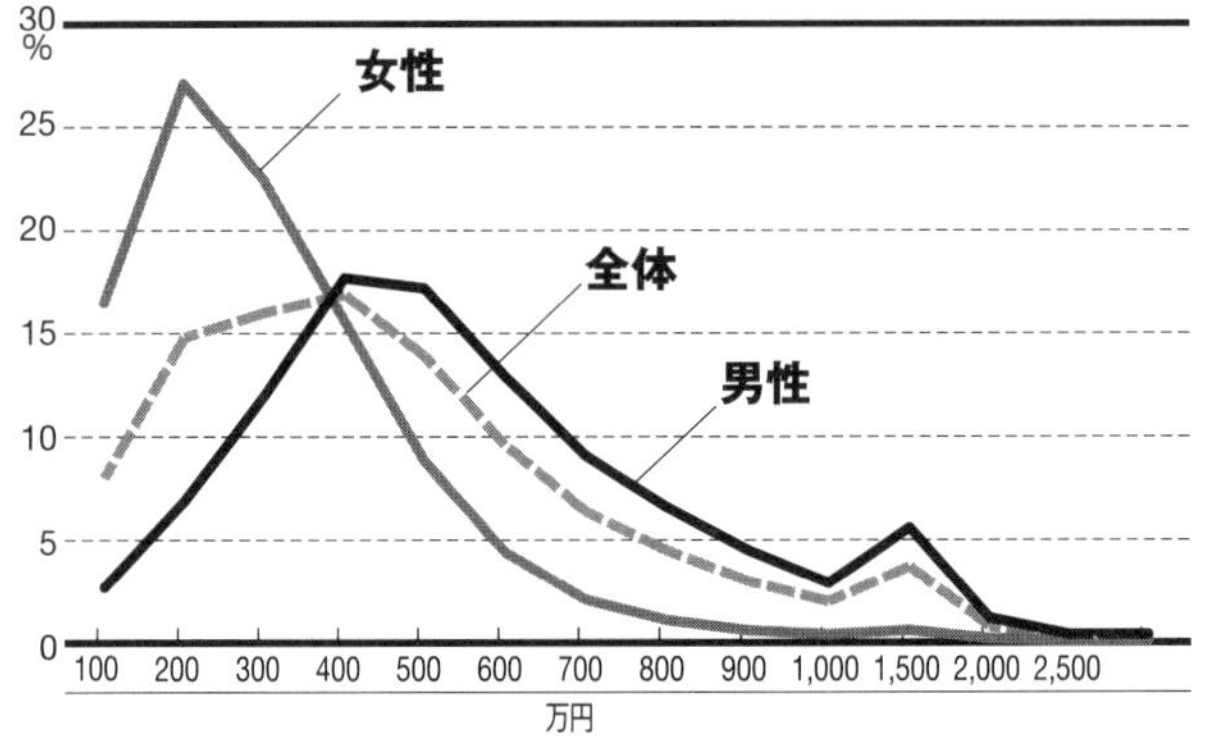

＊出所：民間給与の実態調査結果 平成18年度（国税庁）より筆者作成

辺に住んでいる人で、かつ、住宅ローンも教育費も抱えていなくて可処分所得が多い人となると、その数分の一になると思います。

一方、２３１０円のガイドを買える人は、たとえば給与所得が年３００万円以上と仮定すると、２７４４万人、給与所得者の61％にまで、その分母は広がります。文字どおり、マーケットが10倍以上になるのです。

もちろん、一点豪華主義で、すべての費用は削ってでも、高級レストランに行く習慣がある年収３００万円の人もいるでしょう。しかし、そういう人は特殊な例であって、多くの人は、自身の手取りの中から、ありとあらゆる商品・サービスに優先順位をつけて、各商品・サービスに出せる予算を決めるわけです。

したがって、いいものだから顧客単価を高く

顧客単価に応じて、マーケットの大きさは決まっている

でき、かつ、たくさんの人に売れるかということはまったくなく、**すべては潜在顧客のお財布の大きさと、世の中にあるその他すべての商品・サービスとのバランスの中で、顧客単価は決まってきます**。だからこそ、たとえば書籍で100万部以上売れる本はほとんど700円の新書や500円の文庫本、400円の漫画であって、決して5000円の専門書ではないのです。

　5000円の専門書を100万部売ることは、不可能ではないと思います。しかし、それにはこの本がなぜ5000円しても価値があるかということを、ふだんだったら5000円分の本の予算がない所得階層にまで説得をしなければいけないため、「万能利益の方程式」で説明している2番目の変数「顧客獲得コスト」が跳ね上がってしまい、結局、儲からなくなってしまうかもしれないのです。

それぞれの商品・サービスは顧客単価に応じて、ほとんどのマーケットの大きさが決まってしまいます。また、この単価に対する反応は、**顧客がこれまで経験してきた莫大な消費経験との比較になるため、その顧客が持つ「値頃感」を超えたレンジを示すことは、とても難しいのです**。

よって、顧客単価を決める時に大事なことは、顧客単価×顧客数の面積が、どの顧客単価にすれば最も適切か、あるいは同じ顧客数を取ることを前提とした場合に、どこまで見せ方によってこの顧客単価を上げることができるか、ということについて仮説を立て、マーケティングを通じて検証をすることになります。

売上の計画を立てる際に顧客単価と顧客数に計画を分解するのは最低条件ですが、そのバランスがライバル商品に比べて明らかにとんちんかんにならないように、しかも、少しでもいいポジションにつけるように、配慮する必要があるのです。そして、そのバランスは競合商品の売れ行きと、既述のような所得分布図が頭にあれば、おおむね、少なくともケタは違わない範囲で顧客数は想像ができるようになります。

私が経営コンサルティングをしていて感じた、顧客単価および顧客数の計画を立てる際の問題点として、「Wishfull Thinking」があります。「Wishfull Thinking」とは、こうなったらいいな、という希望で顧客単価と顧客数を決めて担当者が売上計画を作ってしまうことですが、ちょっとでも所得分布とライバル社の売上数が頭に入っていれば一目見ただけで、「それはどう考えてもあり得ないでしょう」という数値だということがよくあるのです。

このような誤りは、顧客単価と顧客数は相反するという基礎知識を少なくとも1つ覚えておくだけで、そして、自分のビジネスに関する顧客単価とだいたいの顧客数を頭に入れておくだけで、防ぐことができます。

もっとも、あまりにもその常識にとらわれすぎて、これまでなかった機会を見逃す可能性が0とは言いませんが、そういった応用編については、とりあえず、基礎のマーケットを着実につかめるようになってから、臨みましょう。

基本知識3 顧客が増えるほど、平均顧客単価は下がっていく

顧客単価と顧客数は反比例するということを説明しましたが、それでも、顧客数を増やしたいと思った時にはどうするのでしょうか。それも簡単で、「平均顧客単価の下落を許容すること」にほかなりません。

たとえば、アパレルのブランド品には本ブランドとディフュージョンブランドという2

本立てがあります。アルマーニでも、ジョルジオ・アルマーニのスーツだと30万円くらいかかりますが、アルマーニ・エクスチェンジのスーツだと10万円くらいですむ、といったような関係です。しかし、アルマーニ全体の顧客単価で考えると、ディフュージョンブランドを作れば作るほど、平均の顧客単価は下がります。

なぜなら、先ほどの所得階層の説明で漠然とわかるとおり、アルマーニだと年収1500万円以上の給与所得者しか買えなくても、アルマーニ・エクスチェンジだと、年収700万円の給与所得者から買えるからです。そして、年収1500万円以上の給与所得者は男女合わせても58・6万人しかいませんが、年収700万円以上の給与所得者は男女合わせて645万人と、潜在顧客の数が10倍以上になります。

よって、**マーケティングでは、最初は顧客単価が高い層にまず少数の、高い商品を売って、そのお金で最初の開発費や販売費を回収した後に、徐々に顧客単価を下げた商品を販売し、より広い顧客層にアクセスしながら、残りの利益を回収するという方法をとります**。これは、アパレルでも、家電製品でも同じです。

ところが、このさじ加減がとても難しいのです。多くの場合に陥りがちなのが、顧客単価が高い層からのコストの回収を十分にしないままに、顧客単価を切り下げてしまうことです。すると、顧客層は広がったものの、本当はもっと高い値段で売れた顧客にも安売りしてしまうことになり、利幅が薄いため、売れた割には結局トータルではあまり儲からなかったり、赤字になったりするケースが生じます。

この罠に陥っている好例が、これまでも何度か説明してきましたが、現在の携帯電話です。かつての携帯電話料金は月に3万~5万円は当たり前という高級商品でしたが、今では月額数千円まで下がりました。初期の携帯電話の勃興期には、値段を下げれば下げるほど顧客単価×顧客数の面積がどんどん大きくなったことと、技術の進歩でコストもどんどん下がったことから、顧客単価を下げることに対しての抵抗感がほとんどなく、顧客単価を下げれば下げるほど利益が上がるという循環がありました。

ところが、日本では20~30代の携帯電話の普及率がすでに90%を超えており、それでも売りたいと焦るあまり、若年層や高齢者などをターゲットにして顧客単価を安く設定してしまった結果、どんどん利益水準が下がってきているのです。

株式市場で企業の業績の分析をしている際に、企業側から、最初は顧客層を広げて、そのあとで顧客単価を上げるから、この戦略はこれから効くのだ、という説明を受けることがあります。もちろん、そのような事例が0とは言いません。しかし通常、顧客層を広げてから顧客単価を上げるという戦略は、相当難易度が高いと認識していた方がいいと思います。

基本知識4 顧客の持つニーズ、とくにコンプレックスの大きさに応じて顧客単価は決まる

とはいえ、顧客価値について例外なく、高い単価を得ることができる市場があります。それは何かというと、自分の持っているとても大きな課題を解決したいという根源的なニーズ、すなわち、**「コンプレックス」市場**です。ここには、**顧客が高い価値を感じ、場合によっては全財産を投げ出しても構わないというほどの予算枠を用意する**ためです。

コンプレックス市場とは、たとえば薄毛、肥満、英語、しわ・シミ取り、豊胸、金儲け、出世、恋人探し、子どもへの教育などがその典型です。しかも、このようなコンプレックスの多くは加齢に伴う不可逆な変化だったり（例：薄毛、しわ・シミ取り）、あるいは生活習慣の改善など一定の努力を伴うものだったりするのですが（例：肥満解消、英語習得）、**多くの消費者は辛いこと、苦しいことが苦手なため、あるいは加齢のような自然現象を認めたくないため、多くの消費をこの市場に落とす**ことになります。

たとえば、書籍の市場でも、英語の参考書や自己啓発書には常に一定の安定したニーズがあります。顧客が広く深く抱える悩みに対して、適切な処方箋をもたらすことは、高い顧客単価を生むことができるのです。しかも、多くの場合、このような自己啓発書を買う

コンプレックス市場は顧客価値に関係なく、高い価格をつけられる

人は、次々に自己啓発書を買う傾向があります。英語についても、参考書が机の上に山になっている人は読者にも多いのではないでしょうか？
もっとも、このことは必ずしも悪いことではありません。コンプレックスにつけ込んで法外な値付けをすることは論外ですが、顧客がより明るく生きられるよう、コンプレックスを軽減し、長期的な精神安定に資するような商品を開発することは、顧客のニーズにも合うし、顧客単価を上げることができます。
同様に、コンプレックスなど極端なものでなくてもかまいませんので、顧客の持っている問題を解決すればするほど、その解決の大きさに応じて顧客価値を顧客単価に転換できると考えてみれば、いろいろなビジネスの切り口が生まれてくると思います。

たとえば、携帯電話が音声で1分当たり20～40円と高い価格付けができているのも、その場で誰かとコミュニケーションを取りたいという汎用的でかつ、本人にとってとても価値の高いニーズを満たしているためです。それに対し、時間差が生じてもいいパケット通信の方は、「プアマンズPC（＝貧乏人のパソコン）」と称され、必ずしもリアルタイムのニーズではない用途に使われるため、価格付けが一気に下がってしまうのです。

よく、どのような商品・サービスでもペルソナ（仮想の顧客）を具体的に想定し、たとえばどのような年齢の人で、どのような目的のために、いつ、どこで、どのようにその商品・サービスを使うのかイメージしなければならないというのは、このためです。それぞれの所得の中でニーズに応じた予算を配分しますが、たとえば予算がない時にでもニーズが強い場合、たとえばコンプレックス商品・サービスの場合には、ローンを組んでまでその商品・サービスを買うことも少なくありません。エステや英会話学校に大型ローンがセットになっているのはこのためです。

繰り返しになりますが、他人のコンプレックスにつけ込んで法外な利益を得ることは論外ですが、世の中からコンプレックスがなくなることはありません。したがって、コンプレックスを軽減するような商品を開発し、それを顧客が十分に支払える価格帯で提供することは商売の王道でもあるのです。

コンプレックスの解消というと難しく聞こえる、あるいは極端に聞こえるかもしれませんが、もう少し汎用的な言葉に置き換えると**「相手が持っている問題を解決する」**という、問題解決と呼ばれる言葉になります。すなわち、顧客単価は相手の問題の大きさに応じて、かつ、それの解消度の期待に応じて、価格設定ができるのです。

コンプレックスに対してカタルシスを与える、あるいは、コンプレックスの解消に対して簡単な方法で解決策を提供すると、爆発的なヒットも生まれます。新書で言いますと、たとえば、『女性の品格』（板東眞理子著、ＰＨＰ研究所）や『下流社会』（三浦展著、光文社）がなぜあんなに売れたのかということを思い出してみると、わかりやすいかもしれません。

ただし、あまりにも法外な値段にしてしまうとリピーターも取れませんし、信頼性も損ねてしまうので、バランスに注意することは必要です。

基本知識5 プライシングとは、顧客が気持ちよくお金を支払ってしまう仕組みのことである

朝三暮四ということわざがあります。宋の国の猿遣いが、猿たちにエサのトチの実を夜

4つ、朝3つに減らすと言ったら猿が怒ったので、朝に4つ、夜に3つにしたところ、猿たちは満足したという故事から、「表面的な相違や利害にとらわれて結果が同じになることに気づかぬこと」(『大辞林』)と言われています。

しかし、経済学的には、朝三暮四と朝四暮三は違います。なぜなら、猿がもし、朝に食べる方が夜に食べるよりも高い効用を得ているのであれば、朝四暮三の方が、効用が高いのです。すなわち、トータルのエサの量は同じでも、そのタイミングによって、猿でも人間でも、感じ方は異なるということです。

これと同じことが、顧客単価をいかに上げるかということを考える際に使えます。典型的な例は分割払いです。猿も人間も同じで、目の前のお金(エサ)の効用は高く、将来のお金(エサ)の効用は低いのです。したがって、猿の場合にはエサをもらう側だったので、なるべく早くもらうことが猿にとってうれしいことでしたが、逆にお金を払う人間にとっては、同じ金額だったら、なるべく遅く払った方がうれしいのです。

さらに、人間は何かの商品・サービスを手に入れたり、体験しないと、その効用についてなかなか理解できないという限界があります。そのため、商品・サービスを手に入れる前にお金を払ってもらおうとすると、どうしても使用価値に対してリスク分を考慮し、ディスカウントをしたお金しか払おうとしません。ところが、体験してからお金を払う分にはすでに価値がわかっていますから、より気持ちよく、払うことができます。

　このような分割払いで成功例としてあげられるのが、たとえば携帯電話の公式サイトの月額徴収です。着メロ、着うたの支払いの際に、この先1年間分を前払い、あるいは100曲ダウンロード分をまとめて3000円と言われたら、ほとんどの人は払わないと思います。しかし、月額300円だとほとんど負担を感じずに、気持ちよく払うことができるのです。

　さらに、もともと月額6000円以上の携帯電話料金を払っているので、さらに200〜300円追加といわれても感覚が麻痺してしまっていて、一緒に引き落とされても、気にすることはありません。このプライシングの仕組みが、インデックス、ドワンゴ、フォーサイド、ザッパラスなど、さまざまな携帯電話サイトの企業が数年間で大きな利益を上げ、続々と上場を果たした秘密なのです。

　分割払いのほかには、無料キャンペーンによる勧誘も同じ仕組みです。商品価値を一度体験させると、顧客が気持ちよくお金を払うようになるためです。ほかにも、インクジェットプリンターやゲーム機のように本体はなるべく安くして、インクやソフトウェアで儲けるのも、同じように顧客価値の感じ方とお金の払い方をうまく連動させている好例です。

　また、まったく違う観点からの発想ですが、**顧客に気持ちよくお金を払ってもらう仕**

組みとしてあるのが「松・竹・梅」のプライシングです。ほぼ類似の商品でも、必ず松・竹・梅の価格を付けておいて、少しだけ内容に差を付けておきます。そうすると、人よりも高い金額を払うことで満足する顧客は松を、ちょっとでも節約をしたい顧客は梅を、中庸で満足する顧客が竹を選ぶので、どの顧客もそのプライシングにより、満足度が上がるのです。

さらに、冠婚葬祭のようなライフイベントの場合も、顧客のポケットは緩くなります。なぜなら、その時にはお金を払うこと自体が、そのライフイベントを彩るものであり、それ自体が価値になるからです。

顧客がどのような時にその商品の価値を感じるのか、それを先行的に感じてもらった後でお金を気持ちよく払ってもらうにはどうしたらいいのか、同じ商品でも、そのプライシング、値付け方法をいろいろ工夫することで、実は顧客単価を上げることが比較的容易にできるのです。そして、わずか1％でも、5％でも、顧客単価を上げることは大きく利益に影響します。

顧客単価を上げるための2大テクニック

これまで、5つの基本知識ということで説明をしてきましたが、では、これらをどのように組み合わせるとより顧客単価が上がるのか、統合したテクニックを紹介します。テクニックの対象となる軸はたった2つです。

その1 顧客から見た時のポジショニングを利用して、感じる価値を上げる

その2 顧客の支払い方法を変えて、顧客が感じる支払いの痛みを和らげる

その1は、顧客が感じる価値を上げること。その2は、顧客が支払った時の痛みを和らげることです。この2つで、同じ商品でも顧客の受け止め方を変えることで、顧客単価を上げることができます。

大事なことは、どのようにして5つの基本知識を活かし、うまく発想すれば顧客単価を上げることができるか、それぞれの業務の中で考え抜くことです。繰り返しになりますが、安易な値下げに走ってはいけません。利益を上げるためには、どうしたら顧客の満足度を損ねることなく、あるいは値上げをしても顧客満足度が上がるような仕組みを作れるか、常に課題として考え続けることが重要なのです。

もちろん、後で説明をしていくように、顧客原価が下がった時や顧客獲得コストとのバ

ランスで戦略的に値下げをする場面もありますが、ここでは、いかに高い顧客単価を同じ商品で実現するのかということを追求していきます。

また、業種によっては商品の単価が決まっているので、単価を上げるのは容易ではないと思う方もいると思います。しかし、注意して欲しいのが、ここでは「顧客単価」を上げましょうと提案しているのであって、「商品単価」を上げましょうと提案しているわけではないということです。

たとえば、書籍などがいい例だと思います。書籍は新書が700円、ソフトカバーが1500円とほぼ相場が決まっていて、それに大きく外れた値付けをすることは難しいです。しかし、たとえばシリーズ化、あるいは少なくとも上下巻に分けたらどうなるでしょうか？　そう、2倍にも、3倍にも顧客単価を上げることができるのです。それが、顧客単価を上げるという意味です。

では、具体的に説明に入っていきましょう。

その1　顧客から見た時のポジショニングを利用して、感じる価値を上げる

その1は、基本知識をすべて使った横断的なテクニックで、価格を原価ではなく、顧客にとっての価値や、仮想競合商品の価値に合わせて値上げをする方法です。私はこのこと

について、経営コンサルタント時代、先輩から**「ショボイ競合相手がいる大きなマーケットほど、ねらい目である」**と習ってきました。

価格に影響する要素は4つあると説明してきました。商品の原価、競合商品の価格、代替商品の価格、顧客が支払っていいと感じる価値です。多くの場合、商品の原価や競合商品の価格に引っ張られて価格付けをしてしまうため、なかなか思うように価格は伸ばせないと考える人が多いでしょう。しかし、視点を変えて、代替商品の価格付けや、顧客の価格付けに商品のポジショニングを変えてしまうことを考えてみます。

たとえば、有名な事例として、ミネラルウォーターのエビアンを思い出してください。普通のペットボトルに入れて売ると100円ですが、化粧水として缶に入れて売ると、突然1000円近くに跳ね上がります。なぜなら、他の化粧水が高い割に、たいした成分が入っていないので、エビアンでも十分に化粧水として、そのマーケットで戦えるからです。

これは、エビアンが飲料水ではなく、顧客から化粧水と認知されることによって得られる価格です。化粧品が原価よりもパッケージが重要だとされるのは、どのような商品として顧客に認知させるかを気遣っているためです。

同じように、寒天も食品として認知される場合には高い価格付けはできませんが、ダイエット食品として位置付けた時には、すごく安い食品であると顧客が考えます。携帯電話も単なる電話料金と考えると、固定電話に比べてとてつもなく高いのですが、デートの代替品だと思えば、恋愛中のカップルにとっては映画に行って、食事をするよりはずっと安くなります。

したがって、類似した競合商品にターゲットを置き、いかにそれまでの競合商品に対する顧客認知を利用してしまうかが、ポイントになります。説明してきた5つの基本知識を念頭に置きながら、どこにどのような商品の見せ方をして、潜在顧客という大きな海の中に釣り糸を垂らすと一番食い付きがよくなるのか、その時にどのようなエサ（＝効用、売り文句）を付ければいいのか、慎重に考えます。

ただ、このポジショニングについてはどんなに考えても、実際に商品やサービスを店頭で公開するまでは意外とすべては網羅できないものなので、ある程度の仮説を立てたら、えい、と公開してしまって、その上でポジショニングを修正していくことをお薦めします。

必要に応じてパッケージを変えたり、商品名を変えたりして、別のポジションで再売り出しをすることも可能なのですが、必要なことは、いろいろなアイデアや考え方を持ちながら、顧客の受け止め方、代替商品が何かを常ににらむということです。

その2 顧客の支払い方法を変えて、顧客が感じる支払いの痛みを和らげる

このテクニックは、主に予算が人によって限られるという基本知識2と、プライシングについての基本知識5を中心としたテクニックです。顧客は実際に払う金額よりは、いつ、どのタイミングで、どのポケットから払ったかということについて痛みを感じます。その痛みを緩和する最も簡単な方法の1つが割賦販売であり、だからこそ、多くのテレビ通販などは、「月々いくら」を強調するわけです。

なぜこういうことが起きるかというと、**「双曲割引」**（遠い将来のことを考える場合にはあまり価値を割り引かないが、近い将来のことには強く割り引いて考え、目の前の楽しさを優先してしまう、私たち人間の行動パターンのこと。夏休みの宿題の先延ばしやダイエットを決意した時のお菓子の誘惑を思い出すと、わかるでしょう）という概念で説明できます。**多くの人は、1年後の1万円と、現在の1万円を等価で判断できない**のです。金利は現在、せいぜい1％あるかないかですが、アンケートをとりますと、少なくともおおむね4～5％くらいは割り引いて考えてしまいます。

すなわち、今1万円払うことと、1年後に1万500円払うことは、平均的な人にとってはほぼ等価であり、場合によっては分割払いであれば、1万2000円払っても気にしない、という人が多いのです。

だからこそ、結局**商品の利益で儲けるよりは、その後の金融サービスで儲けた方が**

得になるケースが多いのです。最初のうちは商品で儲けていた企業も、ある程度浸透率が限界に達してくると、金融で儲けようとするのはそのためです。GEが金融業を大きく展開していたり、トヨタがローンに熱心なのもそのような理由です。

また、ほかのテクニックとしては、送料を別にする、オプション料金を別払いにする、メンテナンスを別料金にするなど、本体とそれ以外の料金を切り離す方法もあります。このことで、予算に応じた支払い方法を顧客ができるようにしたり、本体そのものの価格を込み込みのパッケージより安く感じさせることができます。あるいは、逆に、すべて込み込みのお得なパッケージの用意をして、顧客単価を上げることもできるのです。

具体的な例で言いますと、ちょっとしたプリフィックスのあるフランス料理店やイタリア料理店を思い出してください。その手のお店の多くは、サービス料10%が別料金になっていたりします。あるいは、コーヒーをエスプレッソに変えると+200円とか、食材にアワビやトリュフのような高級なものを使うと+1500円とか、さまざまな形で少しずつ、顧客単価を上げようとしています。それでも、アラカルトで個別に頼むよりは低く設定をして、お買い得感を醸成しているのです。

さらなる高等テクニックとしては、前にもあげましたが、携帯電話やインクジェットプリンターのように、本体を思いっきり安くして、代わりに通話料金やインク代を高くし

オプションを別料金にすると、顧客単価を上げられる

て、使いたい人ほど少額ずつだけれども、塵も積もれば山となる料金を支払う仕組みを作る方法もあります。

私たちは、数百円、数千円の少額をちまちまと払わされると意外と痛みを感じないのですが、いっぺんに数万円、数十万円のお金を払うことはとても痛みが大きいのです。これはある意味当たり前で、まず、数万円、数十万円をなかなか用意できないこと、さらに、用意できたとしても、数百円、数千円で買えるものの方が、数百円、数千円で買えるものよりもはるかに多いため、無意識の中で比較検討を行うプロセスが莫大になり、そこで、意思決定がストップしてしまいがちになるためです。

その1のテクニックもその2のテクニックも、今売ろうとしているものがいいものだとい

うことが前提ですが、そのいいものの価値を顧客から見た時にどのような位置付けにして、どのように払ってもらうのが顧客にとって一番気持ちがいいのか、顧客の立場になって考え抜くことがすべての土台になります。

顧客単価を上げるための実証プロセス

ただ、残念ながら私の経営コンサルティングの経験上、多くの企業はその1やその2のテクニックについて、とことんまで追求しているとは言いがたい状態ではないかと考えています。とことん行うには、価格付けにおいて仮説構築→実行→検証のマーケティングのプロセスが必要ですが、**原価についてはかなり細かく低減の努力をしている一方、価格付けについてはかなり「えいやー」でつけてしまっている**ような皮膚感覚を持っています。

では、具体的にはどうやったら、このようなテクニックが実現できるのでしょうか?

これから、その仕組みを説明していきたいと思います。

もちろん、多くのビジネスパーソンはここまで潤沢な手順や予算と仕組みを使えることはまれだと思いますので、このような標準的な手続きがあるということを踏まえて、あくまでその中のエッセンスから、実務で適用が可能そうなものを試してみてください。

❶仮説構築

まずは、顧客候補の声を直に取ることがスタートになります。なぜなら、作っている側と受け取る側には、作っている側には想像もできないほど、感じ方にギャップがあるからです。具体的な手段は対面による**フォーカス・グループ・インタビュー**やファクシミリ、インターネットなどを利用するアンケートによる調査が中心になります。

このような調査を行って、顧客がどの価格付けならその商品を受け入れるのか、また、どの支払い方法が望ましいのか、複数のシナリオから適すると考えられるものをいくつか選択していきます。

マーケティングが専門でない人にとって、フォーカス・グループ・インタビューは聞き慣れない言葉かもしれませんので、これから少し説明をします。

フォーカス・グループ・インタビューとは、ターゲットになりそうな顧客をいくつかのセグメント、たとえば年齢とか地域とか性別、興味などでグループに分け、1つひとつのグループで5～6人の顧客候補を招いて、対面でいろいろな質問を個別具体的にしていくものです。これを5～10グループくらい行い、延べで数十人のユーザーの声を直接すくいあげることを目的にします。

必要な費用は専門のモデレーター（インタビューの司会者）の報酬や内容をまとめる料

金、インタビューに応じてくれた人への謝礼を含めて、50万～200万円程度です。

さらに今では、インターネットを活用したグループ・インタビューのサービスもあります。もともとは、これまでの対面式のグループ・インタビューに比べ、時間的、場所的制約がなく、コストが安いことから始まりましたが、現在は、

①インタビューのやりとりに考える時間を取れるので、深掘りするなど調査がしやすい
②対面でないので、お金の話、医療の話や消費の背後にあるコンプレックスなど、通常のグループ・インタビューでは聞き取れない本音を聞ける
③同じモニターに対して継続的な調査をしやすい

といったところから、インターネットならではの調査として評価されつつあります。

たとえば、資金運用など所得に関わるもの、薄毛や肌の悩みなど対面では話しにくいものへの調査に向いています。

私は経営コンサルタント時代、このようなフォーカス・グループ・インタビューをモデレーターとして、延べ数百人以上に行ってきましたが、毎回、思いもかけない発見が必ず

ありました。どうしても、価格を付ける側というのは売り手の論理で考えてしまうのですが、買い手はまったく違う見方、違う行動パターンを示すことが多いのです。

また、フォーカス・グループ・インタビューで得られた仮説については、必要に応じて、数百人から数千人に対する定量アンケート調査を行い、より統計的に確かなものにしていきます。

私の経営コンサルタント時代の経験例では、このようなものがありました。このプロセスを通じることによって、それまで販売していた数万円程度のある製品について、その会社が思っているよりは3000~5000円値上げしても売れ行きはほぼ変わらないということを調査の結果で導き、実際に、顧客に痛みを感じさせないような方法で値上げを実現して、年間数百億円単位の利益インパクトをもたらしたのです。

フォーカス・グループ・インタビューはB2Cの商品に適合する手法ですが、B2Bの商品についても、サンプルやブローシャーを作り、顧客候補を回って事前にマーケティング調査を行えば、仮説が導けます。

フォーカス・グループ・インタビューの予算が取れない会社も多いと思いますが、その場合はとにかく、**周囲のさまざまな人に開発中やすでに販売ずみの商品・サービスについて正直な声を集めて回る**ことをお薦めします。常に商品サンプルやサービスコンセプトの記載されたパンフレットを持ち歩き、信頼できる人に出会った時には、常に尋ねてみるのです。中高校生や小学生がターゲットの場合には、知り合いに頼んで、子どもさんたちに打診をしてもらいます。

この事前の仮説構築がどの程度精緻なものかどうかで、その後の楽さが変わってくると言っても過言ではありません。なお、この章では顧客単価に集中して説明をしていますが、実際のフォーカス・グループ・インタビューでは、顧客単価だけではなく、商品性や使い方、パッケージ、ネーミングなどについても包括的にインタビューを行っていきます。

❷ 実行

ある程度の仮説構築、すなわち、どのような商品の見せ方をして、値段をいくらくらいに設定して、どのように支払い方法を選ぶようにできるかというシナリオができたら、実行に移します。ただし、この時のポイントとしては、できれば複数の仮説を検証して、その効果を比較検討することが重要です。そのためには、地域限定販売や、既存顧客への限定販売などのテストマーケティングを実行します。その時には、それぞれ複数のオファーを別の顧客群に行うのです。

たとえば、別々の価格付けと支払い方法を記載したダイレクトメールを、区分して送付し、その反応率を測るのです。そうすると、価格帯ごとの顧客の感受性や、支払い方法に対する顧客の選好を情報として得ることができます。

ここで大事なのは、価格に対する顧客の感受性です。顧客の価格感受性はおおむね、階段状になっているため、ある一定のポイントを超えると急に需要が下がったり、上がったりします。大事なことは、そのギリギリのポイントはどこなのかを見極めて、価格を設定することです。

また、追加オプションや、商品・サービスのランクに応じて松・竹・梅などの価格帯を付けた場合に、どのくらいオプションの購入確率があるのか、松・竹・梅の購入確率はどの程度か、データを集めていきます。このことで、顧客の予算や潜在顧客数、そしてどのような組み合わせにすると、最大の面積が取れるのかという見込みを導き出すことができます。

❸ 検証

テストマーケティングの結果、集められたデータを分析します。エクセルがあれば基本的な分析は可能ですが、ＳＰＳＳ、Ｒ、Ｅｖｉｅｗｓといった専門の統計ソフトウェアがあれば、得られた結果がたまたま偶然で誤差の範囲内なのか、統計的に有意な数値なのか、判断することがより楽にできるようになります。

そして、もともとの仮説とぶつけて、その仮説が全面的に合っていたのか、部分的に合っていたのか、あるいはほぼ誤っていたのか、結果を導きます。

その上で、まず、この製品で利益を最大にするためのプライシングと、さらに、将来的な顧客の広がりを加味して、最も利益が上がると考えられるところに値付けを行っていくわけです。また、オプションの有無や、送料を込みにするのか抜きにするのか、複数の価格設定を行っていくのかなど微調整も、同時に進行させていきます。

実際に商品・サービスを上梓した後は、定期的にPOSデータや店頭での声の集積、販売店や代理店、セールスパーソンからのフィードバックを受けるようにしますが、最近はインターネットが発達し、ブログや2ちゃんねる、m・i・x・iなどのコミュニティでユーザーの声が直にとれるようになりましたので、それも参考にしています。

第4章を補足するお薦めの参考文献

「民間給与の実態調査結果」（国税庁）
各世帯がどのような所得体系にあるのか、俯瞰する資料になります。

『価格優位戦略』（マイケル・V・マーン他著、ダイヤモンド社）

マッキンゼーのプライシングに関する経験がまとまった良書です。専門的な記述が多いので、この本の内容を理解した後で補足的に読むといいと思います。

携帯電話各社のパンフレット

どうしてあのようなたくさんの価格体系があるのか、オプションがなぜいろいろあるのか、携帯電話の本体はなぜ最初は0円で分割払いにしたがるのかなど、生きた材料です。この本で説明してきたこととぶつけて、いろいろ考えてみてください。もちろん、ベスト・プラクティスではないので、いろいろ改善の余地もありますが、その部分を一緒に考え合わせてもおもしろいです。

『誘惑される意志――人はなぜ自滅的行動をするのか』（ジョージ・エインズリー著、NTT出版）

人間の双曲割引について理解したい人のための良書です。双曲割引を理解すると、いかに顧客の痛みを和らげながら支払ってもらうかということにアイデアがわいてきます。

『マーケティング・インタビュー――問題解決のヒントを「聞き出す」技術』（上野啓子著、東洋経済新報社）

フォーカス・グループ・インタビューの手法についてくわしく記載されています。どちらかというと製品コンセプトの方の説明が中心ですが、消費者の感情の動きをどう捉えるかを考える上で参考になると思います。

インターネットを利用したグループ・インタビューのくわしい内容（株式会社エイベック研究所）
サービス名：オンライングループインタビュー（ＯＧＩ）
http://www.aveclab.com/ogi/3changes.html
文中で説明をしたオンライングループインタビューについて、くわしい手順や実例などが載っています。

『鈴木敏文の「統計心理学」――「仮説」と「検証」で顧客のこころを掴む』（勝見明著、日本経済新聞出版社）
セブン-イレブンを高収益企業に導いた鈴木氏による仮説・検証による顧客との対話をわかりやすく説明した良書です。

『ビジネス統計学』上・下（アミール・アクゼル、ソウンデルパンディアン・ジャヤベル著、ダイヤモンド社）
エクセルを使いながら、ビジネスに使うための統計学の初歩についてていねいに説明をしていきます。できれば、下巻の回帰分析までマスターできると、実務上では大変な武器になります。

『はじめてのS-PLUS／R言語プログラミング――例題で学ぶS-PLUS／R言語の基本』（竹内俊彦著、オーム社）
エクセルだと大量の統計データ処理に向かないのですが、S-PLUSやRのような統計専門言語ですと、簡単なプログラムをマスターするだけで、大量のデータの処理が可能になります。とくに、Rはフリーウェアですので、お薦めです。

第5章

原則2
どうやって顧客獲得コストを下げるのか

顧客獲得コストについて必要な5つの基本知識

この章では、顧客単価に次いで重要な変数である、顧客獲得コストを下げていくための手法を説明します。まずは基本知識を学び、その上で、具体的なテクニックを説明していきます。

ここでもう一度、勝間式「万能利益の方程式」のおさらいをしておきましょう。

利益＝（顧客当たり単価－顧客当たり獲得コスト－顧客当たり原価）×顧客数

でした。

顧客単価が利益に最も影響することは第4章で説明しましたが、第5章ではコストの中でも利益に最も影響する顧客獲得コストについて説明していきます。顧客獲得コストとは、顧客候補を顧客にするためにかかる費用です。具体的には営業マンの人件費、試作費、広告宣伝費、キャンペーン費用、代理店の手数料等です。

顧客獲得コストの具体的な金額は業種によってさまざまですが、数百円程度から数十万

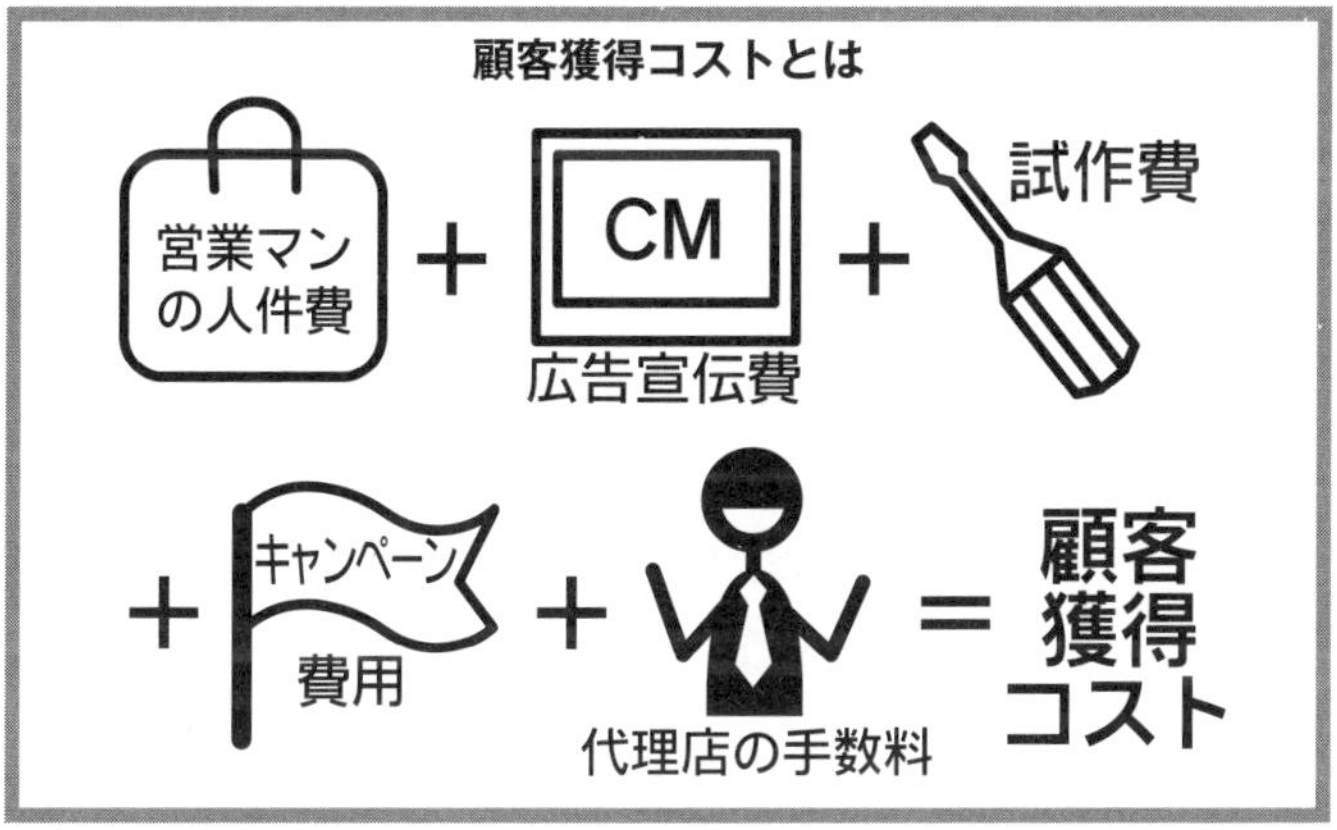

円、あるいは数百万円まであります。一般的には数千円から数万円程度です。たとえば、携帯電話の契約を代理店が取った場合、ドコモやａｕが代理店に支払う金額は３万５千円ほどです。代理店はこの手数料を原資に、携帯電話の販売価格の値引きを行うのです。

それでは、なぜ、万能利益の方程式の中で、顧客獲得コストが顧客単価に次いで重要な変数なのでしょうか？　その理由は単純で、現在の**日本の市場は原則として「供給過多」**だからです。需要過多の時代にはいかに安く、早く作って顧客に届けるかということが重要でしたが、**現在は供給の方がほとんどすべての商品・サービスの需要を上回っているため、顧客の獲得にお金がかかる**のです。日常のほとんどの商品・サービスが不足するということはなく、ほとんどが買い換え需要であり、また、豊富な選択肢の中から選ばなければいけないため、どうやって顧客をひきつけるかが課題になります。

そして、顧客獲得の初期の段階では通常、多くのビジネスは赤字です。なぜなら、現代のように供給過多のマーケットでは、顧客獲得コストがそれなりに多額にかかるからです。そのため、赤字の原因となった顧客獲得コストを、時間をかけて顧客単価を上げながら回収していきます。

また、顧客獲得コストが安い場合、極端な話0円であれば、どんなに粗利率が薄くとも、利益を出すことができます。たとえば、大企業の下請けに近い業種はその典型です。ぎりぎりまでコストを絞って利が薄くなっているのですが、顧客獲得コストがかかっていないため、なんとか操業が続けられるのです。

顧客獲得コストはこのように、0円から高いものは数百万円までさまざまですが、最初に支払ったものをどのくらいの期間で顧客から回収できるのかが、収益性を大きく左右します。

一方、どんなに儲かって見えるような商売でも、顧客獲得コストを支払いすぎていると、その回収が下手をすると数年以上かかり、資金繰りにあっという間に窮してしまいます。

したがって、どのようなビジネスにおいても、顧客獲得コストについては厳しく予算を設定し、管理する必要があります。ただ、注意したいのは、その予算は固定的なものではなく、顧客単価や獲得する顧客数に応じて、変動的に運用する必要があるということです。

私が経営コンサルタントや証券アナリストの時代、**顧客獲得コストはおおむね、1年以内に回収できるかどうかをビジネスモデルの判断基準として使っていました**。もっと長いものも、短いものもありますが、環境変化が激しいことや年ごとに損益を締めることを考えると、おおむねその程度の長さで回収できる方が安全性が高いためです。

もちろん、業種によってはスイッチングコスト（=他のサービスに切り替えるコスト）が高く、一度加入すると10～20年も切り替えないものもありますので、たとえば生命保険やケーブルテレビのような契約期間の足の長いものについては、もう少し長い回収期間でもOKです。

逆に、書籍やお菓子のような、スイッチングコストが低い商品については、顧客獲得コストが1回の儲け以内に収まるようにしないと、なかなか儲からなくなります。ただ、スイッチングコストが低い商品は顧客獲得コストもさほどかからないケースが多いので、うまくバランスがとれているのです。

以下、顧客獲得コストについて、顧客単価と同様に5つの基本知識をまず、説明していきます。この組み合わせを考えていくことで、顧客獲得コストをどのような商売でも下げるアイデアが浮かんでくると思います。

基本知識1 商品力が顧客獲得コストを下げる
基本知識2 顧客を積極的に選択することが顧客獲得コストを下げる
基本知識3 顧客獲得コストはちょっとした工夫で大きく変わる
基本知識4 顧客の獲得も重要だが、ロイヤル顧客の維持はもっと重要である
基本知識5 口コミは究極の顧客獲得手段である

基本知識1 商品力が顧客獲得コストを下げる

顧客獲得コストを下げる最も簡単な方法は「商品がいいこと」です。当たり前のようですが、意外と見落とされがちです。要は、プロモーションしなくとも、顧客が店頭でその商品やサービスを見た時に、ひきつけられて、購買に至るまでの転換率が高ければ高いほど顧客獲得コストが下がるためです。

たとえば、書籍の売れ行きについて分析をすると、おもしろいことがわかります。10万部以上売れた本とそれ以外の本を比較すると、明らかに違うのが「初速データ」です。初

速データというのは何かというと、出版してから最初の数週間の間にどのくらい、店頭でその本が売れたかどうかという数のことです。

売れた本というのはおもしろいくらい、まったく宣伝をしていない時点でも、店頭で文字どおり、最初の数週間で飛ぶように売れているのです。出版物は店頭に出した本のうち、どのくらい消化をしたかということでその本の売れ行きを測りますが、よく売れる本は最初の1週間の店頭消化率が30〜50%ほどになります。通常の本は10%がいいところですので、いかに、店頭でその本をたまたま手にした人が購買に至る確率が高いかということがわかります。

したがって、初速のいい本に広告費をかけて宣伝すると、さらに大きく広がり、同じ広告宣伝費、たとえば全国紙の新聞広告に500万円かけたとしても、初速がいい本ほどその広告宣伝効果が高く、回収も早いため、出版社はますます売れる本に広告を集中するようになります。

これは、以下の2つの法則から来ているのです。

その1 集団の知恵の法則

その2 ジップの法則

その1の「集団の知恵の法則」とは、英語では「Wisdom of Crowds」と呼ばれるものですが、以下の4つの要件を備えている集団の意思決定は、個々人の意思決定よりも精度が高くなるという法則です。

❶意見が多様であること
❷他者とその考えが独立していること
❸意見の材料となる情報が分散していること
❹判断を集約するメカニズムがあること

（出所：『「みんなの意見」は案外正しい』ジェームズ・スロウィッキー著、角川書店）

つまり、一人ひとりのマーケッターやプロがうんうんとうなって考えるより、マーケットに直接問い合わせをしてしまった方が、より正しい結果が得られるということになります。そして、顧客獲得コストの盲点として、どんなに供給側がいい商品だと思って広告宣伝をしても、市場側がそう思わなければ、顧客獲得コスト、すなわち説得コストが莫大になってしまうということなのです。

したがって、B2BでもB2Cでも同じですが、テストマーケティングを行った際に、どのくらい市場で受け入れられる余地があるのか、その顧客獲得がどれほど難易度が高いのか低いのかということは認識する必要があります。

もちろん、初期に受け入れられにくい製品でも、その後、市場のポジショニングを変えたり、ちょっとしたきっかけでブレークをすることがあるので一概にそのまま資源を投入しないようにしなさいということではありませんが、商品がどのくらい市場で受け入れられやすいか、望まれているかということは慎重に推し量る必要があります。

その2の「ジップの法則」とは、サイズがk番目に大きい要素が全体に占める割合が1／kに比例するという経験則です。これだとわかりにくいと思いますが、要は、1番目に人口が多い都市は2番目に大きい都市の2倍の人口がいて、3番目に人口が多い都市と1番目に人口が多い都市を比べると、1番目の都市は人口が3倍になるという経験則です。

このジップの法則は、
―単語の使用頻度、全体あるいは本等のセグメント別

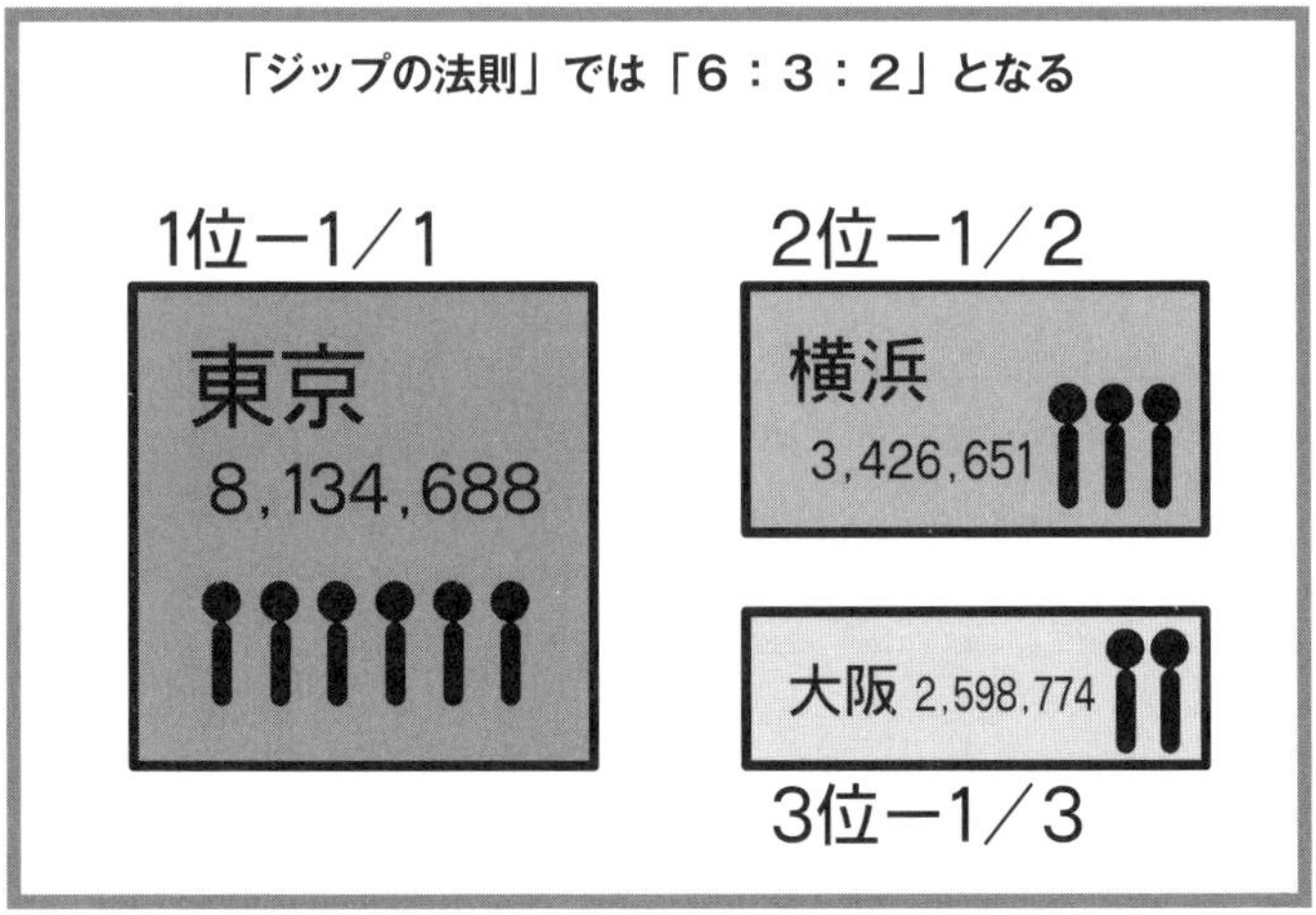

ー ウェブページへのアクセス頻度等、コンテンツへの人気
ー 都市の人口
ー 収入分布、とくに上位
等に適用されると言われています。

要は、上位のものにいろいろなものの頻度が集中し、上位になればなるほど、わずかなランクの違いが大きな差を生む、という理論です。

たとえば、それは1位と2位と3位の都市の人口を比べると、1／1対1／2対1／3の比になるということで、すわなち「6：3：2」になります。試しに、日本の都市人口を見ますと、次のとおりで、たしかに、かなり6：3：2に近い分布になっています。

東京都区部　813万4688人
横浜市　342万6651人
大阪市　259万8774人

なぜそうなるかというと、ポジティブ・フィードバック・ループ（好循環の仕組み）といわれる仕組みが起因しているためです。たとえば、東京に人が集まる→人が集まるからこそできる産業やサービスが集まる→ますます東京に人が集まる、というような働きがあります。

したがって、商品力の良さ・悪さと、それに対してどの程度広告宣伝費や販売促進費をかけるかについても、商品力が高いほど、良い商品だから売れる→多額の広告宣伝費をかけることができる→ますますよく売れる、というポジティブ・フィードバック・ループをかけやすく、結果として、顧客獲得コストを下げることができるのです。

基本知識2　顧客を積極的に選択することが顧客獲得コストを下げる

次の基本知識は、顧客の選択に関する知識です。一言で表すと、**「自分たちのビジネス**

に合う顧客を積極的に選択していくことが、結局顧客獲得コストを下げる」ということになります。顧客を考える際に、横軸に顧客のロイヤリティ、縦軸に収益性をとって、次ページの図4のような2×2のマトリックスを考えるとわかりやすいと思います。

どのビジネスでも、1のカテゴリーの顧客を大事にするのは当たり前なのですが、よくやってしまう間違いとして、本来大事にしなければならない2のカテゴリーの顧客ではなく、4のカテゴリーの顧客に過剰なケアをしてしまうことです。

ある意味、**「獲得しやすい客」と「儲かる客」は違う**のです。たとえば、無料キャンペーンがそのいい例でしょう。よく、インターネットプロバイダーや英会話スクールの契約等で、当初無料キャンペーンのような仕組みで顧客を獲得することがあります。しかし、この無料期間を長くしすぎると、どのようなことが起きるでしょうか？

当然、無料期間を長くするということは、無料のあとの有料の期間にしわ寄せが行くことになり、まったく同じサービスを同業他社が無料期間なしに提供する場合と比べて、有料の期間の値上げをするか、あるいは利益額を引き下げないとやっていけないことになります。

ところが、**無料というサービスに食い付きやすい顧客というのは、価格感受性の高い顧客でもあり、要は「渋い客」**なのです。そのため、加入後になかなか顧客単価が上

図4　収益性とロイヤリティのマトリックス

	ロイヤリティが**低い**	ロイヤリティが**高い**
黒字客 （顧客単価＞コスト）	**2** ロイヤリティの向上策を考える顧客	**1** 本当に大事にすべき顧客
赤字客 （顧客単価＜コスト）	**3** 様子見の顧客	**4** 顧客単価が上がらなければカットする顧客

がらなかったり、あるいは、他に無料サービスが出てくると、さっさとそちらに移ってしまいます。

それよりも、ムダな顧客獲得コストを抑えてじっくりと良い商品性でアピールをした場合には、より優良な顧客が集まりますので、1のカテゴリーの顧客に育つ可能性が高いのです。また、よく、顧客に顧客を紹介してもらうキャンペーンを行いますが、この時にも、優良顧客に紹介された顧客は優良顧客である可能性が高く、逆に変な顧客に紹介された顧客はやはり赤字顧客になってしまうのです。

したがって、顧客獲得のメッセージを出す際には、どういう顧客にカスタマーになって欲しいのか、その顧客に対しての価値は何なのか、逆にどういう顧客にはカスタマーになって欲しくないのか、メッセージを明確に打ち出すことが、顧客獲得コストを下げることになります。

たとえば、私がネット系の新興企業の証券アナリストを担当していた時代、気をつけていたのがテレビコマーシャルにより集客をしているインターネット企業でした。インターネットのサービスですから、通常はインターネットで集客をすることが顧客層とも合いますし、コストも安くなります。

ところが、一部のインターネット企業は積極的にテレビコマーシャルを打つことで集客を図っていました。この場合、たしかに多くの顧客を一気に獲得できるのですが、テレビコマーシャルで新たに獲得した顧客というのはある意味、これまでインターネット広告で獲得できなかった顧客ですから、インターネットの利用時間が比較的短い顧客が多いのです。

また、移り気な顧客が多いので、少しでも良いサービスが別にできると、どんどん今、加入しているサービスから退出してしまいます。したがって、どの顧客が今自分たちが展開しようとしているサービスに合致しており、コストをかけるのであれば、どの顧客セグメントにそのリソースを割り振るべきなのかを判断する必要があります。

基本知識3 顧客獲得コストはちょっとした工夫で大きく変わる

次に意識をしたいのが、顧客獲得コストは意外と変動幅が大きいということです。典型的なのが、顧客獲得チャネルの選択と、顧客獲得に向けたメッセージの選択です。

たとえば、顧客獲得のチャネルを営業マンの直販で行うのか、代理店経由で行うのか、ダイレクトメールを使うのか、インターネット広告を使うのか、テレビコマーシャルやチラシを使うのか等、さまざまな方法があるわけです。

私の実務上の経験で言いますと、同じサービスを利用する際でも、このようなチャネルと手段の選び方次第で、だいたい数倍違うのは当たり前で、大きいケースでは数十倍近く、顧客獲得コストが変わりました。

たとえば、CRM（カスタマー・リレーションシップ・マネジメント）の仕組みの開発とテストマーケティングを担当していた時、さまざまなデータベースの分析をしながら仮説を構築し、母集団を選んでダイレクトメールを発送したのですが、ちょっとしたファクターを1つを入れる、入れないでレスポンス率が3倍は違いました。

これをコストに弾き直してみると、ダイレクトメールは印刷費と郵送費合わせてだいたい1通120円くらいかかりますから、レスポンス率が1％の時の顧客獲得コストは120÷1％＝12000円、一方、3％の時には120÷3％＝4000円となります。このサービスの見込み利益が1カ月当たり1000円だったとすると、かたや回収に1年かかるのに、かたや4カ月で回収できて、残りの8カ月はそのままYすべて、利益として残るわけです。

また、インターネットでは、バナー広告でもグーグルのアドワーズを使ったテキスト広告等でも、そのメッセージ次第で、クリックレートも、クリックされたあとのコンバージョンレートもまったく違ってきます。実際に私もさまざまなバージョンを試してみましたが、アドワーズで高い広告費を出して上位に掲載させるよりは、低い順位でもいいから適切なキーワード検索に対応した適切な広告メッセージで行った方がより、潜在顧客をひきつけることができました。ほんの数十文字のテキスト広告にも、さまざまな工夫の余地があるのです。

広告以外の身近な例で説明しますと、商品のネーミングやパッケージも顧客獲得コストに大きく影響します。私が2007年11月に出版した『お金は銀行に預けるな――金融リテラシーの基本と実践』（光文社）という書籍は発売1カ月で18万部を超えるベストセラーになりましたが、実はこの本の最初のタイトルは『金融リテラシー』を予定しており、そのあとは発売直前まで『お金が働けば、お金が増える』というものにする計画でした。

ところが、出版社の販売関係の方の意見や書店でのテストマーケティングを通して、「この本の内容は絶対に売れる。だから、初版からもたくさん刷っていきたい。ただし、このタイトルでは売りにくいので、タイトルだけは再考して欲しい」というリクエストが来たのです。

その後、編集担当の方が丸３日間、本当にこの本のタイトルだけを考え続けてくださって、50にも及ぶタイトル案の中から選ばれたのが『お金は銀行に預けるな』でした。そして初版から３万部刷ったのですが、それでも配本が少なかった中小型書店を中心に最初の１週間で多くの書店で売り切れが出る等、まさに「タイトルが顧客獲得コストを極小化した」事例となりました。

同様に、書籍の場合、装丁も消費財のパッケージデザインにあたる役割を持ちます。２００７年12月に出版した『効率が10倍アップする新・知的生産術――自分をグーグル化する方法』（ダイヤモンド社）も２００８年２月現在、１日の売上冊数が『お金は銀行に預けるな』とほぼ同等くらいに売れていますが、その鍵は、この本の場合はタイトルよりは、装丁とデザインだったと考えています。

白一色に、かなり強めの黒いタイトル、そしてシンプルなＵＶ加工を施した二重丸に著者の写真入りの帯、という組み合わせでした。この装丁は、『１日30分を続けなさい』を始めとする数々のベストセラーの装丁を手がけたデザイナーの石間淳さんにお願いしたものですが、店頭でとにかく目立つのです。そして、無意識にこの本の顧客候補の気持ちに届くことができて、私たちの想定以上のスタートを切ることができました。

顧客獲得コストを下げる際の大事なポイントは、「いかに多くの顧客候補に届くか」「届いた時に、瞬時に顧客が理解できる価値を提供できるか」ということになります。そして、これらのポイントはもちろん、発売前に考え抜く必要がありますが、発売後も常に市場をウォッチしながら、市場へのメッセージについて、微修正をかけ続ける必要があります。

私はたまたまここ1年間は自分の裁量でコントロールできたり、身近なケースとして観察してきたのが書籍市場だったため、この本の中のケースは書籍の例が多くなってしまいましたが、同じような視点でぜひ、読者の方々にも、自分のビジネス・プロセスを見直してみて欲しいのです。

たとえば、何かの商品デザインをお願いしようとした時に、50万円のデザイナーさんと500万円のデザイナーさんがいた場合に、どちらの方が顧客獲得コストが安くなるかは一概に言えないのです。なぜなら、ちょっとした商品デザインの違いで顧客の獲得効率が10倍違ってしまうことが多々あるためです。

なぜ、このようなちょっとした工夫が顧客獲得コストの引き下げに効果があるかというと、私たちは心理学の用語でいう**「ヒューリスティック」**と呼ばれる判断プロセスをたどるからです。私たちが未知のものに触れた時に、いちいち事細かに説明文を読んで、費用対効果を分析し、比較検討をするといったようなプロセスはごくごくまれにしか行いません。通常は、これまでの経験則や学習内容に応じて、瞬時に判断を下してしまうのです。

ヒューリスティックには以下の種類があります。

❶代表性ヒューリスティック（検索容易性）――典型的と思われるものを判断に利用すること

❷利用可能性ヒューリスティック――日常生活で簡単に利用できる情報によって判断してしまうこと

❸固着性ヒューリスティック（アンカリング）――最初に示された特定の数字等が印象づけられること

要は、手に入る情報の範囲で、これまでの経験則に基づき、最初の印象に左右されながら、判断をしてしまうのが一般的だということです。したがって、このヒューリスティックが存在するということを前提に、顧客へのメッセージは組み立てる必要があるのです。

基本知識4 顧客の獲得も重要だが、ロイヤル顧客の維持はもっと重要である

第4章の顧客単価の基本知識2で「貧民効果」の説明をしました（96ページ参照）。すなわち、新しい顧客ほど通常は、顧客単価が下がっていくということです。したがって、顧客獲得も大事なのですが、**顧客獲得以上に重要なのは、獲得した顧客の中で、大事な顧客を逃さないようにすること**です。

これまでは顧客獲得コストを中心に説明をしてきましたが、同時に、顧客維持コストについても考慮をする必要があります。通常は、一度獲得した顧客は商品・サービスによほどの瑕疵がない限り、惰性で利用を続けるケースが多いのです。なぜなら、別のサービスにスイッチする時には取引コストがかかるため、その取引コストを乗り越えるほどのメリットがない限り、移行しないためです。逆にだからこそ、新規顧客の獲得は難しいわけです。

そのため、意識をしなくとも顧客維持ができるケースが多いため、多くのビジネスでは新規の顧客の獲得の方のみに意識がいきがちなのですが、顧客のロイヤリティが低い場合

には、ある時有力な競合商品が出てきた時に、穴の空いたバケツから水が漏れるように、大きく顧客が移行してしまうことがあるのです。

たとえば、ドコモがａｕに対して２００３年くらいを境に２００６年くらいまで、大きく顧客シェアを落としてきました。その最大の理由は「ドコモの旧世代の携帯電話の切れやすさと、新世代携帯電話のカバレージの悪さ」でした。そして、こういった移行の特徴は、顧客単価の高い客ほど、品質にこだわるため、逃げ足が速いということなのです。この移行を防ぐため、ドコモもいろいろなサービス追加や値下げを行わざるをえなくなり、結果として収益性が一気に悪化したのは記憶に新しいと思います。

顧客維持の１つの手法として、たとえば**「定番化」「シリーズ化」という技法**があります。ある程度の品質を定番、あるいはシリーズとして保証することで、とくにロイヤル顧客を中心とした層の判断コストを引き下げて、顧客の維持を図るのです。

しかも、人間心理としておもしろいのが、**一度ロイヤル顧客になってしまうと、多少、不都合な材料が出てきても、逆にこれまでその定番やシリーズに投資をしてしまったことを正当化するため、なるべく、その商品・サービスの良いところを積極的に見つけようとして、その商品を買う理由を顧客の方が見つけてくれる**ことです。

もっとも、そのような心理状況も、さほど長くは続きません。シリーズもののうち、新しい商品やサービスの品質が明らかに落ちたり、利益を上げるために旧来品の原価を引き下げると、だいたい3～6カ月のタイムラグはありますが、消費者の側が敏感に気づくのです。これは基本知識1で説明した「集団の知恵」の効果でもあります。

たとえば書籍等も、シリーズものだったり、あるいは著者指名買いで買うケースが多い商品ですが、著者指名買いの場合、2～3作品続けて「外れ」が出ると、その著者の作品は買わなくなってしまいます。

この後に出てくる基本知識5で、口コミほど安い顧客獲得コストはないという話が出てきますが、ロイヤル顧客の役割は単に自身が利益をもたらすだけではなく、口コミによって更に新しい顧客基盤を広げてくれるという重要な役割も担っています。

したがって、顧客獲得も重要ですが、顧客維持も重要なのです。ただ、クレイトン・クリステンセンの『イノベーションのジレンマ――技術革新が巨大企業を滅ぼすとき』(翔泳社)という名著がありますが、顧客維持に即した価値訴求と、顧客獲得に即した価値訴求は必ずしもイコールではありません。イノベーションのジレンマの事例の中で著者は、既存顧客の言うことを聞けば聞くほど、新規顧客と新市場を取り逃すというジレンマの説明を試みています。

しかも、顧客をどんなに維持していても、**加齢効果**と言いますが、**顧客がだんだんと**

歳を取って行ってしまうため、同じ顧客だけを捕まえていても縮小再生産に陥ってしまう恐れもあるのです。そのため、アパレルなどのブランドでは、積極的に顧客をそのブランドから卒業させて、ブランド価値を守ろうとすることすら試みています。

もともと、顧客単価、顧客獲得コスト、顧客原価、顧客数の4つの変数はあちらを立てればこちらが立たずとなり、バランスが必要だということを説明してきましたが、顧客の新規獲得と顧客の維持のバランスも同じように、「これは」という決まり切った正解があるわけではないので、適切な予算配分や顧客の満足度調査を通じて、一人ひとりが判断をしていくことが必要になります。

基本知識5　口コミは究極の顧客獲得手段である

最後の知識は口コミの活用です。最近はとくにインターネットを筆頭に情報の流通コストが下がってきたため、口コミの重要性が増してきました。口コミによるマーケティングをバズ・マーケティングとか、バイラル・マーケティングと呼びますが、いずれにしても、これまで、プロに頼っていたものか、マスメディア、あるいは、オフラインの口コミしかなかったものが、オンラインの口コミが加わることで、これまでとは違う情報の流通

図5 口コミと顧客経験

	顧客経験が**悪い**	顧客経験が**良い**
口コミを作る	**2** 買わない方がいいと周りに説得する顧客	**1** よい評判を周りに説明する顧客
口コミを作らない	**3** サイレントな顧客だが、リピートはしない	**4** 自分が利用して満足する顧客

形態が生まれてきました。

口コミがなぜ重要か。それは、紹介する方の顧客も、自分の信用度を担保にかけて、他人に紹介するためです。たとえば私はこの本の中で、さまざまな良書だと思える本を章ごとにまとめて紹介していますが、それを読者の方が読んでつまらない、おもしろくないと思えば、私の本の信頼性も下がるわけです。

したがって、先ほど図4では顧客をロイヤリティと収益性の軸で2×2のマトリックスで分類しましたが、同じように、口コミが発生するか否か、顧客経験が良いか悪いかで、図5のように4段階の顧客に分類することができます。

よく、顧客満足度を測るアンケートを取りますが、そこで満足度が高いか低いかだけでは不十分で、「この商品を（自分の信用を担保にかけても）人に紹介したいか」ということを尋ねることで、初めて口コミが発生するかどうかがわかるのです。

また、クレーム対策が重要なのは、図5の2のカテゴリーになる顧客を作らないためです。顧客がクレームをつける時には、企業の責任を追及しているというよりは、自分の困った状況を解決して欲しい、あるいは不満をわかって共感して欲しい、ということで訴えてきているのに、多くの企業はそれを企業の責任問題とすり替えてしまって、顧客の不満を増殖させてしまうことがあります。この4つの顧客配分で、1のカテゴリーに近い顧客が自社のポートフォリオの中で多くなるほど、顧客獲得コストは下がるのです。

また、このような口コミは、B2Cだけではなく、B2Bでも優れた販促手段ですし、積極的に作ることができます。B2Bにおいて、顧客の紹介というのは、紹介される顧客にとっても、販売側にとっても、最も確実でありがたい顧客獲得手段です。たとえば、販売側から満足度が高い顧客に紹介をお願いすると、意外と喜んで紹介をしてくれます。

同じように、企業グループの中のある企業で信頼度が高まると、その企業グループの他の企業から引き合いが入ります。

また、B2CでもB2Bでも使える手段は、オピニオンリーダーからの広がりです。専門家集団のトップから広がることがありますし、αブロガー（ブログへのアクセス数が多く、読者の意見形成や購買行動などに影響力があるブロガー）から広がることもあります。私の著作の中で初めて10万部を超えた『無理なく続けられる 年収10倍アップ勉強法』（ディスカヴァー・トゥエンティワン）もブレークのきっかけは、αブロガーの複数の書評でした。

いかに口コミを起こさせやすいような設計にするのか、たとえば**商品名にとんがりを作るとか、他にはない特徴を付けてそこに着目してもらう等、顧客が喜んで話題にしたがるような仕組みを埋め込むと、顧客獲得コストが著しく下がります。**

顧客獲得コストを下げるための2大テクニック

顧客単価と同じく、5つの知識を統合した2つのテクニックを紹介します。テクニックの対象となる軸は2つです。

その1　コストを軸にした最適チャネルミックスの追求（顧客の横方向展開）

その2　ブランド力を軸にしたロイヤル顧客と口コミの醸成（顧客の縦方向展開）

その1 コストを軸にした最適チャネルミックスの追求（顧客の横方向展開）

まずは、顧客獲得コストを極小化しつつも、優良顧客およびその候補をつかまえることが第一歩になります。よく、ブランドと言いますが、ブランドというのはこれまでのその商品・サービス群の顧客経験の累積であり、必ずしもロゴや商標を指すものではありません。また、ブランドを選ぶ際のポイントとして、「他のどのような顧客が同じブランドを使っているか」ということを指標にする人が多いのです。

すなわち、適切なチャネルを使って、適切な顧客に声を届け、適切なコストで顧客を層として集めてくることが必要になります。

とはいえ、商品・サービス別に、どこまでコストが使えるかは異なります。たとえば、最近は清涼飲料水のテレビコマーシャルが、コーヒーやお茶等汎用的なものを除き、減ってきていることに気づきましたか？ これは、最近の商品の細分化に伴い、テレビコマーシャルのように届く範囲は広いけれども一度に投下しなければならないコストが高いものはうまく合致しなくなってきているのです。

また、以前は不動産の広告は主にチラシや電車の車内吊《つ》り広告等地域限定型になっていましたが、最近はインターネット広告等、広い地域への広告も増えてきました。これはインターネットの検索技術が発達して、顧客が自ら必要とする情報にアクセスできるようになり、必ずしも供給側が場所を限らずにすむようになったからです。

販売チャネルミックスを決定する際に必要とされるプロセスは、以下の5つになります。

❶対象となる顧客層の具体化。単なる年齢、性別、収入等だけではなく、どのような趣味を持ち、どのような生活行動で、どのような意識があり、どのような取り扱われ方をしているかまで細分化すること

❷対象となる顧客に届くための手段の洗い出し。直販か代理店経由か、オンラインかオフラインか、広告をどの手段で打つのか、販売促進を行うのか等、考え得るオプションをすべて洗い出す

❸顧客獲得コストに割ける大まかな予算の設定。総枠でも用意をするし、顧客1人当たりの目安も大まかに考える。同業他社のコストや、代替品の獲得コストが目安。ただし、この段階で許される資産とあまりにもかけ離れたコストをライバル社が使っている場合には、その市場への参入そのものを見直す

❹テストマーケティングを通じたデータの収集。どんなに机上の空論で計算をしても、決して本当のコストはわからないので、実際に広告を打ったり、ダイレクトメールを送付したり、インターネットのキャンペーンを実行して、必要コストを収集する

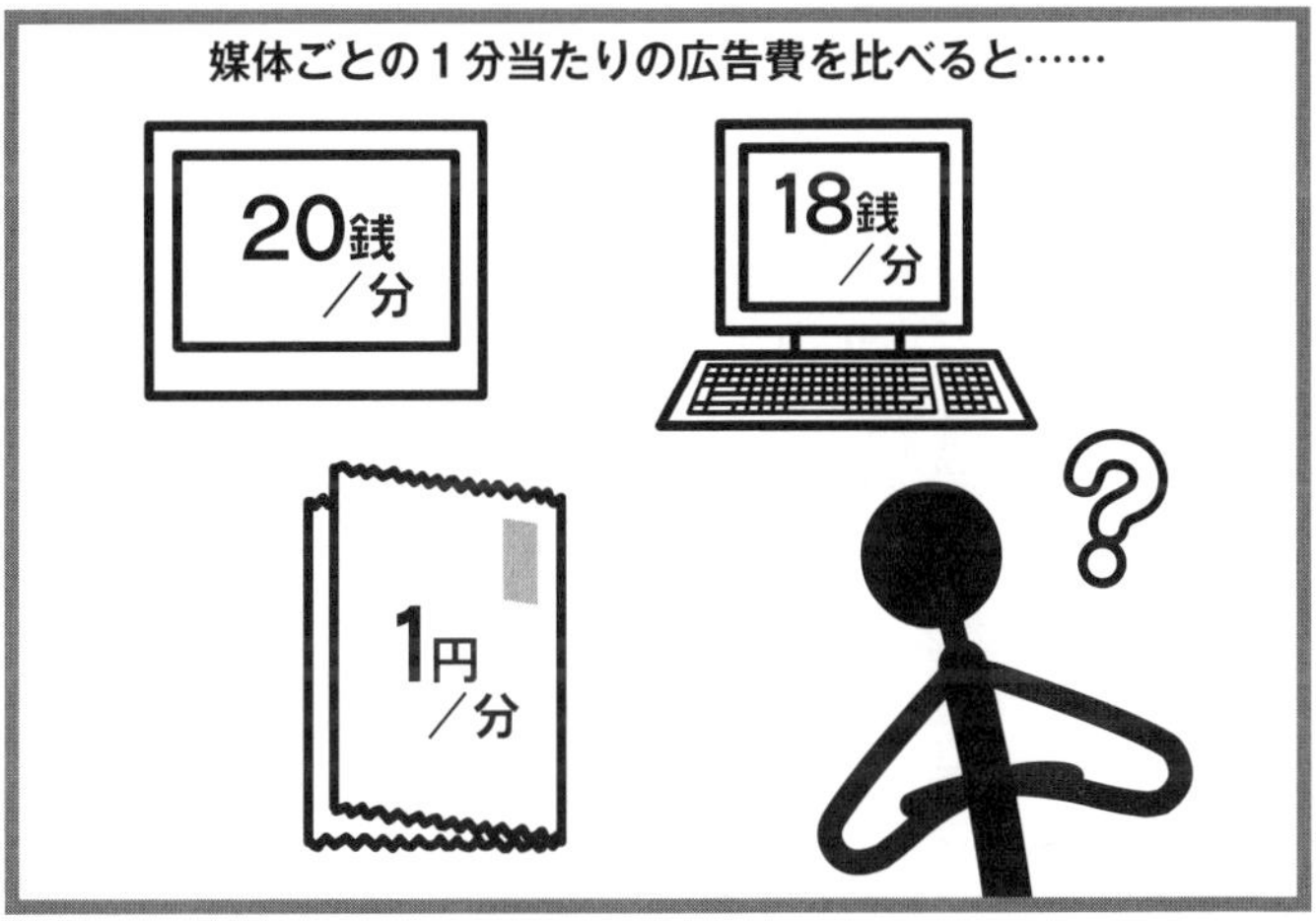

❺チャネルミックスの決定。❹のデータに基づいて、配分を決める。ただし、必ずしも一番安いチャネルに集中させることなく、３～４つ程度の方法に常に分散しながら、その費用対効果の比較や、それぞれのチャネルの相乗効果を検証していく

たとえば、テレビコマーシャルを例に考えると、テレビコマーシャルの費用総額を日本人全体のテレビ視聴時間で割ってみると、私の試算では、おおむねテレビ視聴1分当たり20銭前後の広告費を支払っていることになります。同じようにインターネット広告の費用総額をインターネット視聴時間で割ってみると、1分当たり18銭前後の広告費となり、意外と差がないことがわかります。

一方、新聞広告はずっと割高になり、同じ計算をすると1分当たりの広告費は1円を超えます。しかし、新聞広告が割高かどうかは商品の種類によるわけです。たとえば、書籍の場合には購買層から考えるとテレビコマーシャルを打つよりは新聞広告を打つ方が顧客獲得コストが安くなりますし、同様に、掃除用具はテレビコマーシャルの方が新聞広告よりも有効です。ほかには、非常に限られたセグメント、たとえば特定のコミックやペット用の水槽等は、専門誌で広告をしたり、インターネットのコミュニティで宣伝活動をした方が、よほど効果的です。

さらに、アフィリエイト広告のような新しい顧客獲得法も出てきています。これは、広告宣伝費の後払いですから、事業者にとってはこれまでとは異なったリスク・リターンの関係を提供します。それをうまく活用しているのはたとえばアマゾンで、現在、アマゾンの売上の30～40％はアフィリエイト経由だと推定されます。

各メディアの1分当たりの広告費等、各種データの計算をするためには、以下のような統計データの活用が有効です。

・電通が毎年発表する「日本の広告費」

http://www.dentsu.co.jp/marketing/adex/adex2006/index.html

・ＮＨＫが５年おきにまとめる「ＮＨＫ国民生活時間調査」
http://www.nhk.or.jp/bunken/research/life/life_20060210
・内閣府が毎年まとめる「国民生活白書」
http://www5.cao.go.jp/seikatsu/whitepaper/

また、拙書『効率が10倍アップする新・知的生産術——自分をグーグル化する方法』の中で「自分メディア」という表現でまとめましたが、ふだんから新しい商品・サービスを購買する時に、どのくらい顧客獲得コストが先方にとってかかっているのか、自分の日常の経験の中でも計算する習慣をつけるといいと思います。

たとえば、ある新製品を買おうと決意した時に、どのくらいの頻度でその広告を見たのかとか、どういうキャンペーン（たとえば値引きクーポン等）があってそれを買おうと思ったのか、あるいは本当はスイッチしたいと思っているのだけれども、いやいや使っているサービスにはどういうモノがあるのか等、「顧客獲得コスト」を軸にアンテナを立てておくのです。

ほかにも、インターネットのグーグルやヤフーの検索エンジンで、「顧客獲得コスト」というキーワードを入れると、さまざまな関連記事やデータが出てきますので、興味があるものを確認してみてください。

その2　ブランド力を軸にしたロイヤル顧客と口コミの醸成（顧客の縦方向展開）

その1がどうやって顧客を面で取るかという戦略だとしたら、その2はどうやって顧客の深掘りをするかという戦略になります。

ロイヤル顧客の獲得で大事なのが、**いかに顧客の「上質世界（クオリティ・ワールド）」にビジネスとして入り込むか**ということになります。上質世界というのは選択理論という心理学の用語なのですが、要は、人間は生まれながらにして、次の5つの欲求を持っていることから導き出される理論なのです。

・生存の欲求

寝たい・食べたい・安心したい・安全でいたい・健康でいたい、長生きしたい・リスクは避けたい・安定していたい等

・愛・所属の欲求

愛し愛されたい・人を大切にしたい・大切に扱われたい、仲間と一緒にいたい・1人じゃなくて誰かといたい、人が好き等

・力の欲求

認められたい・勝ちたい・評価されたい・達成したい、役に立ちたい・結果を残したい・賞賛されたい等

・自由の欲求

自分で決めたい・束縛されたくない・人にあれこれ言われたくない・自由でありたい・変化があって欲しい等

・楽しみの欲求

楽しみたい・好奇心があり学びたい・遊びたい・笑顔でいたい・やりがいのある仕事がしたい・笑いがあるのが好き等

そして私たちは、これら5つの欲求について、人によってその強弱があるのですが、それを組み合わせながら、その**基本的欲求を満たすイメージ写真を上質世界と呼び、これを作り上げる**のです。この基本的な欲求を満たすイメージ写真を描き、それを手に入れようという動機づけのもとに、その時最適最善な行動を選択し、行動を起こしていると考えるのが選択理論です。

したがって、顧客が購入した商品・サービスを通じて、自身が描くイメージ写真に対し

て顕著な貢献があると認識した場合に、その商品・サービスを自分の上質世界に組み入れる、すなわち、ロイヤル顧客となるのです。

だからこそ、人によってどのような価値の訴求をすると上質世界に入れるかが異なるため、顧客セグメンテーションが必要なのです。ただし、肉体的・精神的なコンプレックスを克服するとか、自分が得意なものを自己正当化する等、比較的汎用的なニーズについては対象となる顧客が多くなります。

そして、一度、その上質世界に入れ込んでしまったものについては、よほどひどい体験を経ない限り、その外に追い出すのにも、私たちにとってコストがかかるのです。経済用語では取引コストとかスイッチングコストと呼びますが、より、上質世界に入ってしまったかそうではないかという区別をしたほうが、わかりやすいかと思います。

なので、少し不都合が生じたぐらいでは、何かと理由をつけて、今手に入れている商品・サービスを正当化しようとします。また、本当に自分がいいと思ったものについては、どんどん人に薦めて、その自己のイメージ写真の強化を図ろうとします。それが、「口コミ」なわけです。

どうやって上質世界に入るかということについては、それぞれの顧客のニーズを細分化し、総合力で訴求するとしか言いようがありませんが、ただ、ニーズを細分化する際に上述の5つの基本欲求は大変役に立つと思います。

たとえば、携帯電話がなぜあんなに高い価格だったのにもかかわらず、多くの人が飛びついたのか、5つの欲求と合わせるとわかりやすいと思います。「愛・所属の欲求」を圧倒的に満たす道具だったからです。

一方、多くの人にとって禁酒や禁煙がなぜ実行しにくいかというと、「楽しみの欲求」の上質世界と深く結びついており、そこから追い出すことが非常に困難だからです。もし、本気で禁酒・禁煙を試みようと思ったら、他の上質世界での欲求と不調和（たとえば健康）を起こして、どうしてもどちらかを解決せざるを得ないというところまで追い込まれないと、なかなかできないのです。

話を顧客獲得コストに戻しますと、獲得した顧客にリピート購買をさせるのも、その顧客に口コミで伝播させるのも、ひとえにロイヤル顧客にできたか、すなわち、上質世界に入り込めたかどうかで効果が変わってきます。

よく顧客満足度調査では「大変満足」「満足」「普通」といったような指標で分析しますが、実はそれでは不十分なのです。**一番わかりやすい聞き方は「この商品（サービス）を友人や知り合いに薦めますか」という表現**です。そこでイエスというものは本物の満足度であり、そうでないものについてはいつでも、機会があればスイッチされると認識していた方がいいと考えます。したがって、顧客獲得コストを顧客の軸から下げるためには、以下の2つを心がけてください。

・顧客の上質世界に入り込むような訴えかけ、価値訴求をしているか
・多くの顧客が自分の信用を担保にしてまで、親しい他人に自社のビジネスを薦めてくれるか

この2つの達成を目標にすれば、必ず顧客獲得コストが下がるはずです。ただ、あくまで、適切な顧客に適切なチャネルでアプローチするというその1の最適チャネルミックス戦略と組み合わせた時に最大の威力を発揮することは言うまでもありません。

顧客獲得コストを下げるための実証プロセス

実証プロセスについて、フォーカス・グループ・インタビューの役割等、一般的なことは第4章に盛り込みましたので、第5章では顧客獲得コストの話に特化しながら、説明をしていきたいと思います。

❶仮説構築

まずは、現在ターゲットとしている顧客像を明確にした上で、そこにどのようなチャネルが理論的に考え得るのか、うち、現在活用しているチャネルは何で、使っていないチャネルは何なのか、一覧した対比表を作るところから始まります。多くの場合、ターゲットにしたい顧客に対して、完全にマッチしているチャネルにはなっていないはずです。

また、現在の顧客獲得コストについても、チャネルごとに洗い出しを行います。できれば、チャネルごとが無理でも顧客全体の解約率と、顧客の選択の中で説明してきたようなロイヤリティや収益性を軸にした2×2の分析による配分比率も求めるといいでしょう。

その上で、以下の3つについて仮説を作ります。

①新たに開始すべきチャネル、縮小すべきチャネル

②顧客獲得、維持をより強化すべきセグメント、過剰サービスをやめるべき顧客

③顧客に対しての商品・サービスの訴求価値のメッセージの明確化。これまで不足していた部分、強化すべき部分の洗い出し

これらの仮説構築には、社内にあるデータを用いることが好ましいのですが、ない場合にでも、だいたいのイメージで何人かの担当者が、場合によっては今この本を読んでいる読者の方1人でも、ブレーンストーミングなどである程度のイメージ作りはできるはずです。もし、なかなかいいアイデアが浮かばない場合や、あるいは仮説構築をサポートしたい場合には、以下のような手段をお薦めします。

- **店頭観察、営業動向等により、実際の営業現場で顧客の声を間近に聞く**
- **フォーカス・グループ・インタビューを実行する**
- **顧客を装って、ライバル他社や代替品のプロセスを間近に観察して検討する**
- **類似業種の有価証券報告書、IR報告書等を手に入れて、他社の顧客獲得方法や顧客獲得コストを分析する**

仮説がないまま、大規模な顧客アンケート等を実行することは、コストばかりかかって、使えないデータが集まるおそれがあるのでお薦めしません。むしろ、これまである自社データや経験を分析することで、十分な仮説が作れるケースが多いのです。

❷ 実行

顧客獲得コストについては、精緻な仮説を作っても、実行をしないと結局はわからないケースが多いのです。また、顧客単価と異なり、比較的複数手段の利用が容易であるため、ある程度の仮説が煮詰まったら、どんどん実行に移す方が、効率がよくなります。

実際には、新しいパンフレットを試験的に作ってみる、新チャネルでの顧客獲得をテストしてみる、新しいオファーの文章を考えてダイレクトメールを打ってみる、直販部隊を試験的に作って運用してみる、コールセンターを一部アウトソースして、アウトバウンドコールを試してみる等、さまざまなテストマーケティングが考えられます。

ある程度顧客数が多いビジネス、たとえば数万人以上の顧客がいる場合には専用のCRMシステムがあった方が好ましいのですが、それ以下の人数、すなわち、マイクロソフトのエクセルやアクセスで管理をできる範囲であれば、あまり複雑なシステムを導入する必要はありません。

むしろ、社内の権限体系において、現場の社員がある程度の裁量と予算を持っていろいろな手法を自由に試せる環境作りの方が、よほど重要です。

一番困るのが、ちょっとしたテストマーケティングを行うにも、いちいち社内のシステム部署を通じて専用の巨大プログラムを作ってもらわないと動けないようなケースです。

私が扱った事例では、システム部署の都合で、ダイレクトメールの文言を決定してから発送するまで2カ月待ちという、笑えないケースもありました。

このような場合、私は**「箱庭法」**と呼んでいますが、小サンプルでいいので、顧客データベースの一部を委譲してもらって、そこにはある程度フリーハンドの権限を持たせてもらって自由なマーケティングを試みることができるようなセッティングが重要になります。どんなに、机上の空論を語っていても、とくに顧客獲得コストについては、実際にやってみないとわからないことが多いのです。

❸ 検証

テストマーケティングをすると、顧客獲得コストはその後すぐにわかるのですが、時間がかかるのは顧客価値の方です。したがって、顧客獲得コストが他のチャネルよりもかかったからといって、より顧客価値の高い顧客が獲得できていれば、必ずしもその方法が非効率であるとは一概に言えないのです。

そのため、顧客については常にその後、データベース上でどのチャネルから獲得し、どのようなコストがかかっているのか、顧客属性の1つとして明記をしておく必要があります。顧客獲得コストを形式上最小化するのは難しくないのですが、より、優良顧客の獲得に貢献したかどうかを確認するためには、その後、数年間の時間がかかるのです。
ただし、だからといって、同じビジネスについて顧客価値が顧客ごとに数倍、数十倍違うことはまれですので、顧客獲得コストの違いを顧客価値の違いで言い訳にしないように、一番安い顧客獲得チャネルを軸として、ある程度の幅（たとえば＋50％まで等）の予算を持って、なるべく安い顧客獲得チャネルに寄せていくことをお薦めします。

第5章を補足するお薦めの参考文献

『みんなの意見」は案外正しい』（ジェームズ・スロウィッキー著、角川書店）
なぜ集団の平均的な予測はエキスパートによる判断よりも正しいのか、そういった予測はどういう場合に正しく、どういう場合にはバブルのような偏りを生じてしまうのか、グーグルやミツバチの事例等を使ってわかりやすく説明しています。

『イノベーションのジレンマ――技術革新が巨大企業を滅ぼすとき』（クレイトン・クリステンセン著、翔泳社）
なぜ、企業がまじめにマーケティングをすればするほどイノベーションが起きなくなるのか、豊富な事例を使ってそのメカニズムを説明しています。

『儲かる顧客のつくり方』（DIAMOND・ハーバード・ビジネス・レビュー編集部

編、ダイヤモンド社）

『ハーバード・ビジネス・レビュー』掲載の論文から、顧客ロイヤリティ関連のものをまとめた書籍です。さまざまなフレームワークや実証データがあり、顧客獲得コストを考える際にとても参考になります。

『クチコミはこうしてつくられる――おもしろさが伝染するバズ・マーケティング』（エマニュエル・ローゼン著、日本経済新聞出版社）

ネットの発達も含めて、どのような仕組みで口コミは広がっていくのか、それを意識的に行うにはどのような方法論が有効なのかを解き明かしている良書です。

『急に売れ始めるにはワケがある――ネットワーク理論が明らかにする口コミの法則』（マルコム・グラッドウェル著、ソフトバンククリエイティブ）

なぜちょっとしたきっかけで爆発的に売れるものとそうでないものが分かれるのか、売れるものが備えてきた要件とは何か、豊富なケース・スタディを使って説明します。

『グラッサー博士の選択理論――幸せな人間関係を築くために』（ウイリアム・グラッサー著、アチーブメント出版）

選択理論についての基本書です。主に夫婦、親子、生徒と教師等親しい間柄の人間関係について記述をしていますが、同じことを顧客に対して応用することが可能になります。

第6章

原則3
どうやって顧客原価を下げるのか

顧客原価について必要な5つの基本知識

この章では、顧客獲得コスト（広告宣伝・マーケティングコスト）を除いた原価について、引き下げる手法を説明します。これまでと同じく、まずは基本知識を学び、その上で、具体的なテクニックを説明していきます。

しつこくおさらいをしましょう。勝間式「万能利益の方程式」は

利益＝（顧客当たり単価－顧客当たり獲得コスト－顧客当たり原価）×顧客数

でした。

顧客単価は主に顧客訴求とプライシングテクニックによって引き上げが可能になり、顧客獲得コストは主に適切な顧客に適切なメッセージを適切なチャネル（口コミを含む）で届けることによって引き下げが可能になりました。では、顧客原価はどうやって引き下げればいいのでしょうか。

実は、**顧客原価の引き下げは、顧客単価や顧客獲得コストに比べて劇的に、しかも**

早期に下げるのは、意外と難しいのです。たとえば、顧客獲得コストは適切な工夫をすることでダイレクトメールのレスポンス率を何倍にもする等で一気に引き下げることが可能ですが、顧客原価はそのビジネスが属する産業構造と経済環境で決まってしまう要素が大半を占めるため、過去からの蓄積や外部要因が大きくものを言う分野だからです。

とはいえ、顧客原価を引き下げる共通の視点はいろいろあります。その視点を持つことで、今日の会計ベースでの原価を大きく引き下げることは無理にしても、現在のキャッシュベースでの過剰投資を抑え、将来の原価を引き下げることは十分に可能になります。そのための基本知識を5つ、これから説明します。

基本知識1　原価には業種ごとの相場がある

基本知識2　過剰な品質、過剰な設備投資、過剰な人員投資が原価高を招く

基本知識3　価格以外の軸を原価に持ち込むと原価引き下げのアイデアが生まれる

基本知識4　仕入先を工夫すると原価は下がる

基本知識5　結局は地道なベンチマークが決め手になる

基本知識1 原価には業種ごとの相場がある

先ほどから、原価は顧客獲得コストに比べて下げることが難しいという説明をしてきました。それはなぜかというと、業界内で同業他社との競争がある限り、ある程度品質がないと顧客獲得コストが多額になってしまい、その品質を出すには一定以上の原価が必要になるためです。

たとえば、うまくキャッチコピーを作れば、商品の品質に影響させることなくインターネット広告のレスポンス率を2倍にすることはできますが、**品質を下げずに製造原価を半分にすることはなかなか難しい**のです。なぜなら、これから説明するような手法でよほど上手に、顧客の価値になっていない部分を削り取っていかないと、単に一律に下げようとすると、すぐに顧客の「集団の知恵（Wisdom of Crowds）」の前ではバレてしまうからです。

食材コストを考えてみましょう。食べ物屋さんの食材コストは通常、廃棄込みで、売価の35〜45%の範囲に設定されることが多いのです。これはなぜかというと、それ以上に安くすると、顧客が味の違いを敏感に感じ取って、他店に流れてしまうからです。逆に、50

%を超える原価にすると、人件費や賃貸料、光熱費等の雑費をまかなえず、赤字になってしまいます。

そう考えると、**食材の品質を落とさずに原価を落とすには、規模の利益を追求するのが最も簡単な方法**になります。すなわち、同じ品質の素材を直接仕入れたり、大量に仕入れたりして安くして、利益を増やすのです。資本主義経済が発達するほど、とくに低廉化客体を中心にレストランのチェーン化やフランチャイズ化が進行するのはそのためです。

あるいは、徹底的に冗費を引き下げて、食材の原価が50%を上回っても大丈夫にする方法もあります。その時は、非常に狭い店内に家族経営のような店主と、顧客獲得コストがほとんどかかっていない常連が回転よく出入りするような店か、あるいはサイゼリヤや小諸そばといった、徹底的に原価を安くしたフランチャイズ店のような形になるわけです。

同じように、製造業の場合には設備投資のリスクを負うため、工場出荷段階で、原価が最終売価のおおむね40～60%程度に収まっている必要があります。製造業はとくに稼働率が問題になるため、自由競争を前提にすると、結局ギリギリまで各社が稼働率を上げることを目指すため、規制業種でもない限り、なかなか1社だけが飛び抜けて安い原価率にはしづらいのです。

卸売・小売業も同様です。おおむね流通時点での付加価値は15～30％程度の上乗せをするのが限界であり、仕切り値は70～85％程度になります。卸売・小売業は参入障壁が製造業より低いため、原価率が高くなる傾向があります。

塾やネイルサロン、マッサージのような、人を多数使うサービス業は、人件費が主たる原価になりますが、この労働分配率もおおむね20～25％程度が相場になっています。人1人が顧客に張りついてくれるネイルサロン、マッサージのような多くのサービス業がなぜ、1時間6000円の値付けになっているか、考えたことはありますか？　実は、この値付けは原価から計算できるのです。

塾やネイルサロン、マッサージに従事する人員の教育期間はおおむね数カ月を必要とします。その後、月給20万円くらいで社員となりますが、20万円を勤務時間、8時間×20日の160時間で割りますと、時給が1250円になります。これに社会保険料や福利厚生費を加え、ベッドやイス等の設備投資、賃貸料等を考慮すると、だいたい、従業員に直接支払う給料の5倍程度の時給を、サービスを受ける側が支払う構造になっているためです。

すなわち、とくにプライシングや顧客への差別化に工夫がされていない一般的なマッサージ店やネイルサロンのプライシングは、基本的には人件費を軸にしたマークアップ法

（原価に一定の割合で利益を乗せて売価を決める方法）で行われているのです。

いずれにせよ、**原価にはある程度の適正幅があり、あまり小さくても品質に影響するし、大きすぎると儲からなくなる**わけです。したがって、逆に顧客原価を引き下げる時に私たちが考えるべきことは、いかに品質に影響をさせないようにしながら、1％でもいいので、ムダなコストを除いていくかという工夫になります。

ただし、その際には、いきなり半減とか、3割カットといったような夢のような目標値は置かずに、これから説明していく基本知識を用いながら、慎重に行っていく必要があるのです。なぜなら、顧客は品質の劣化にとても敏感で、おおむね数回の使用でそのことに気づき、数カ月から半年遅れくらいで、必ず、ロイヤル顧客の離反と顧客獲得コストの増加を招くようになるためです。

基本知識2 過剰な品質、過剰な設備投資、過剰な人員投資が原価高を招く

繰り返しになりますが、日本の労働生産性はＯＥＣＤ先進諸国の中で最低水準です。また、資本生産性も低い水準にあります。それは、日本のビジネスにおいて「3つの過剰」

がはびこっているからだと私は考えています。「3つの過剰」とは、過剰な品質、過剰な設備投資、過剰な人員投資です。バブルの時代にこれらの過剰がピークを迎え、その後、10年以上にわたって私たちが苦しんだことは記憶に新しいでしょう。そして、この3つの過剰は当然ですが顧客原価を引き上げ、利益（＝生産性）を引き下げます。

なぜこのような現象が起きるかというと、**日本では社員一人ひとりが「リターンを最大化」するのではなく、「リスクを最小化」するように行動をする傾向がある**ためではないかと考えています。これは多くの会社で人事評価制度がそうなっているので仕方ないと言えば仕方がないのですが、「仕事上、困った時には保険をかけておく」という一人ひとりの無意識の習慣が、積もり積もって、3つの過剰を生んでしまうのです。

過剰な投資について、任天堂とソニーを比較すると、その考え方の違いがわかりやすいかもしれません。

任天堂のＷｉｉやニンテンドーＤＳはその品質や機能をソニーのプレイステーション3やＰＳＰと比べてみると、どちらも技術的には高い水準のものを使っていますが、ソニーが画像の解像度やスピードにこだわる一方、任天堂の場合は顧客が価値を感じやすいところに技術を徹底して投入しているのです。

たとえば、私たちにとっては画像がきれいになるよりは、Ｗｉｉのように無線による入

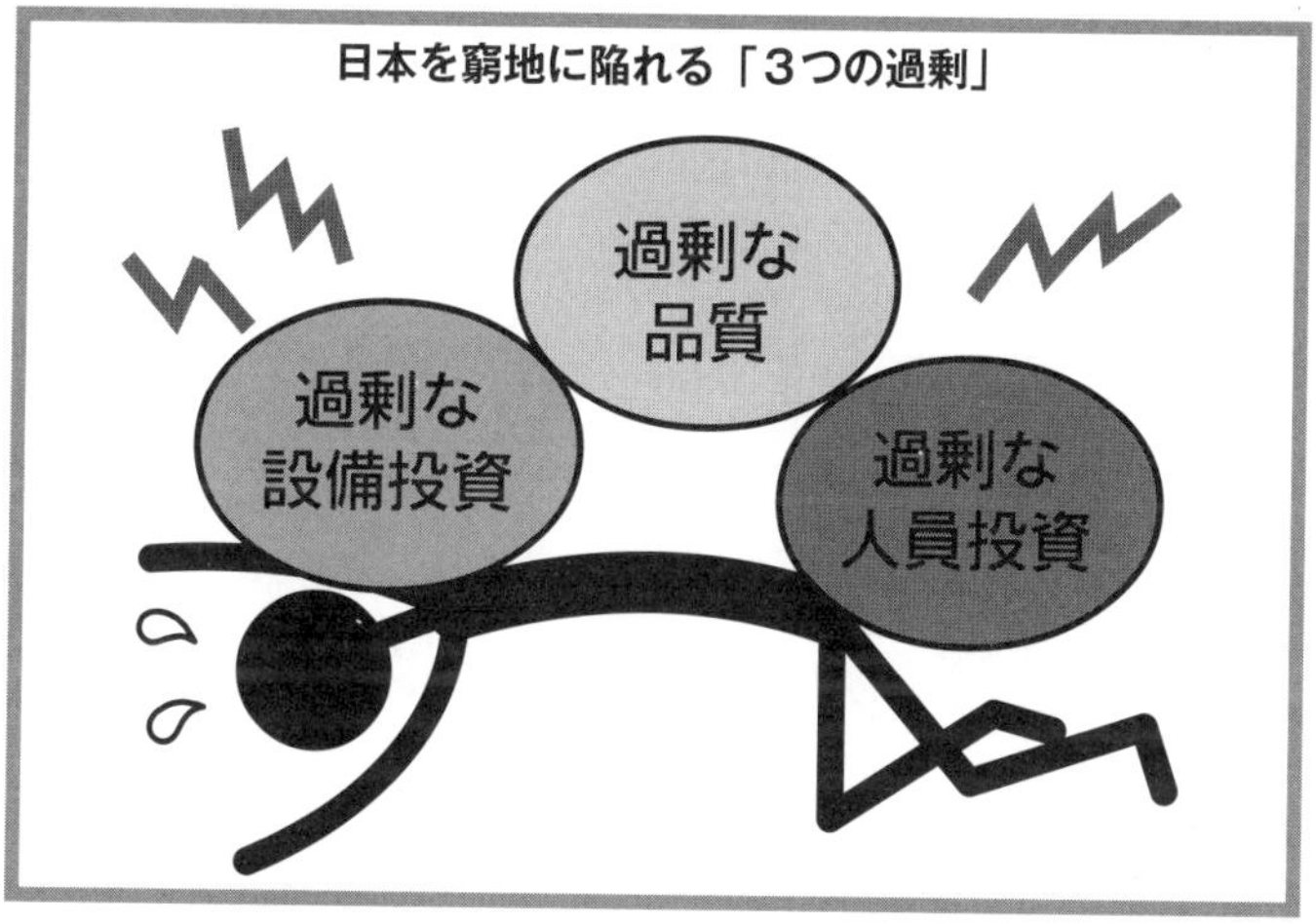

力デバイスが使われたり、新しい動きをコントローラーから感知できるなど、優れた携帯性や新しい軸での操作性が実現された方が、楽しい使い方になります。

そうすると、任天堂のゲーム機にはソニーほどの開発費が使われなくてもこれまでにない品質を顧客は感じることができ、しかも、そのような工夫が参入障壁となり、他のゲーム機との差別化が可能になるのです。そして、製品の差別化が可能になると、多少欠品してもユーザーは待ちますから、設備にも過剰な投資をせず、顧客側の需要の方を逆にコントロールする形で展開ができます。そうすると製造単価も抑えることができますから、WiiもニンテンドーDSもハードウェアの値段を2万~3万円で展開することができたのです。プレイステーション

3が4万~7万円もするのとは大きな違いです。

経験則上、消費財の価格は3万円を切ると、普及のスピードが格段に上がります。これは、家計の中で1カ月の平均的な支出が30万円ちょっとであることを考えると、おおむね10%未満の金額となり、さまざまなやりくりで、ワンタイムで支出ができる範囲だからではないかと考えています。

プレイステーション3はハードウェアとしては、HDDや画面解像度の高いグラフィックチップなど、任天堂のシリーズよりも多くの面で高スペックなものを使っています。しかし、家庭用のコンピュータには中途半端で、逆にゲーム機としては高性能すぎるハードウェアになってしまいました。複雑すぎて出荷当初は台数をあまり供給できませんでしたし、その後、値下げをしても4万円近い本体では、普及段階となる3万円を切らないため、マニア以外にはなかなか浸透しづらいのです。

プレイステーション3の本体がゲーム機として過剰品質であることは、ソニー単体の高コストだけではなく、プレイステーション3に関わるソフトウェアメーカーや周辺機器のハードウェアメーカー等、バリューチェーン全体にコスト高を招きます。しかも、誰も儲からないという循環を招くのです。

設備投資での差別化はお金さえあればできるので、大企業は比較的容易にチャレンジしたくなってしまうようです。たとえば、半導体メーカーのエルピーダメモリも韓国のサムスン電子と争うようにＤＲＡＭへの設備投資を多額に行いました。結果として起こったのは、２００７年末には、３～４ドル台だったＤＲＡＭの価格が１ドルに値崩れし、設備投資分が回収できずに営業赤字への転落でした。

ほかの事例としては、携帯電話の事業が収益性を押し下げたＮＥＣがあります。ＮＥＣはＮＴＴドコモのｉモードが全盛期の２００１～２００２年の頃、いち早く折りたたみ式の大きなスクリーンの携帯電話を普及させ、市場シェアの半分近くを取っていました。携帯電話は非常に足の早い商品です。少しでも市場への投入が遅れると、競争が激しいためあっという間に他機種に乗り換えられてしまいます。

そのため、ＮＥＣは半導体製造を含め、自社で巨大な生産能力を持つ携帯電話製造設備を作り込んでしまいました。しかし、想像するとわかると思いますが、そんなに高いシェアがいつまでも続くわけがありません。ＮＴＴドコモのシェアも落ち、ＮＴＴドコモ内でのＮＥＣのシェアも落ちると、これまでの設備・人員が過剰投資となり、２００５～２００７年のＮＥＣの収益性悪化の最大の原因の１つとなっています。

もう一度、ニンテンドーＤＳやＷｉｉの話を思い出してください。任天堂はソニーの轍《てつ》を踏まないためにも必要がないところには過剰スペックを抑え、ＮＥＣの轍を踏まないた

コスト削減には熱心でも、人件費にはルーズな日本のベンチャー

めに、需要の最大ピークに合わせたような設備投資を行っていないのです。「ＤＳ Ｌｉｔｅはなぜあんなに品切れしていたのか」ということにも、実は原価管理という面から合理的な説明があったのです。

原価管理にとって、過剰なものは、過小なものと同じくらいか、それ以上に悪いのです。人員の採用についても同じです。とくにベンチャー企業に多いのですが、ちょっとした経費についてはすごくケチなのに、事業拡大に伴って、意外と適当な面接で新しい社員をどんどん雇う経営者がいます。しかし、**人を１人雇うコストは福利厚生を含めて年間１０００万円近くになり、とてつもなく大きな経費**なのです。その費用はアウトソースやＩＴ等、本当に変動費化できないものなのかどうか、少なくともビ

ジネスモデルが固まるまでは慎重に対応して欲しいと、ふだん投資家の立場からベンチャー企業を見る身としてはいつも思ってしまいます。

いずれにせよ、**原価を低減させるためには、「過ぎたるは及ばざるがごとし」**です。しかし、企業の中で一人ひとりの社員がまじめに自分たちの人事評価をよくしようとして仕事をすればするほど、実はこの過剰の罠に陥ってしまいます。

そのメカニズムに興味がある方は、第5章でもあげましたが、『イノベーションのジレンマ――技術革新が巨大企業を滅ぼすとき』やその続編である『イノベーションへの解――収益ある成長に向けて』(いずれもクレイトン・クリステンセン著、翔泳社)をぜひ、参照してみてください。破壊的技術というのがキーワードなのですが、安くて顧客のニーズにちょうどマッチした技術が、いかにオーバースペックとなった既存技術の優位性を脅かすかということをていねいに描いています。

基本知識3 価格以外の軸を原価に持ち込むと原価引き下げのアイデアが生まれる

ここまで、原価、すなわち価格の話をずっとしてきました。しかし、ふだん、顧客はも

ちろん価格も大事ですが、価格以外の価値を商品・サービスに見い出して購入していま
す。

それでは、ここで1つ、クイズの答えを考えてください。私たち**経営コンサルタントの間では、「粉もの屋は儲かる」というのが常識**になっています。粉もの屋とは、主に小麦粉を材料とした商売です。ラーメン屋、お好み焼き屋、クレープ屋、ドーナツ屋、ケーキ屋、パン屋等です。では、「なぜ粉もの屋は儲かるのでしょうか？」。ヒントは「なぜ、小麦粉が多くの国で主食になっているか」ということです。

答えは、**「小麦粉は世界中の食品の中で、カロリー単価が最も安い商品の1つだから」**です。小麦粉は100gで350キロカロリーほどあります。業務用の小麦粉は25キロで3000円ほどですから、350キロカロリーのエネルギーを得るのに、わずか12円しかかからないことになります。一方、肉や魚で同じだけのカロリーを得ようとすると、業務用で安かったとしても、軽くその5～20倍になってしまいます。ましてや、野菜等だともっともっと割高です。

世界の国々で小麦が主食になっているのは、少ない労力や投資で高いカロリーリターンを得られる食物だからなのです。小麦は、米やトウモロコシ等、他の主食に比べてもカロリー単価が安いのです。さらに、日本の特殊事情としては政府の統制によって、米の価格

が高く維持されていることがあります。業務用のお米はだいたい1キロ300円ちょっとくらいですから、100gでは30円となり、小麦粉の2・5倍以上の値段になってしまうわけです。2008年に入って小麦粉は30％値上げされましたが、それでもまだまだ、米に比べるとカロリー単価が安いのです。

ところが、私たちの脳や胃の満足度にとって、カロリーはカロリーです。米でおなかを満たしても、小麦でおなかを満たしても、いずれにせよ、幸福感が出ます。すると、原材料を小麦にした店の方が、それだけ原価が安くなる分、儲けが出やすいのです。

また、世の中にはラーメン・フリークと言われる人たちが沢山います。ラーメンは典型的な粉もので、コストが安く抑えられます。そのため、かなりおいしいラーメンでも1000円以内に売価を抑えることができるのですが、そうすると前に説明したとおり、予算が小さいほど潜在顧客層が広がるため、顧客獲得コストも小さくてすみ、ますます売価を安くできるという好循環が生まれているのです。

小麦粉以外では、フライドポテトなどの油ものもカロリー単価が安く、儲かります。マクドナルドで低カロリーハンバーガーが売れずに、メガマックが大ヒットしたのはそのためです。

同じような食材の例で言うと、胡麻とか、白身魚、もやし、キャベツのように原価が安く、万人がおいしいと感じるものもあります。また、白砂糖も顧客の満足度を上げるのに使われます。

カロリーのほかに持ち込む軸としては「時間」があります。ヘアカットのチェーンとして有名なＱＢ Ｈｏｕｓｅの１分１００円というプライシングは、以前説明した人件費中心のコスト構造から考えると、決して割高でも、割安でもありません。しかし、ＱＢ Ｈｏｕｓｅがどうやって顧客原価を下げたかというと、カットに要する時間を短くして、かつ、顔そりやマッサージのような、顧客にとって過剰品質と思われる部分を削ってしまったのです。その結果、顧客が最も大事だと思っている時間も節約することができました。

書籍でも、新書がここ数年ブームになっていますが、新書がブームになった背景には７００円で安いということもあるのですが、文庫本に比べたら決して安くありません。それよりは「薄くて持ち運びに便利」という価値が多くの顧客に受け入れられています。代わりに、１つひとつの装丁を個別にカスタマイズすることなく、品質のよいコンテンツを届けるようにしているわけです。

拙書『お金は銀行に預けるな――金融リテラシーの基本と実践』も光文社新書から出していますが、私は初めから新書でなければ出さないつもりでこの本の企画を設計していました。なぜなら、パーソナル・ファイナンスに関する過剰品質の書籍はすでに多くソフトカバーやハードカバーで出版されていたからです。しかし、金融本コーナーに並んだ瞬間に、初めから資産管理に気後れしている人には目に入らなくなってしまいます。したがって、この本は新書という形態を取ることで、日本人の大多数を占める、資産管理に興味はあるけれども、金融本コーナーに行くほどではないという人にアクセスすることで、原価を引き下げつつも、新しい市場を開拓することができたのです。

このように、過剰品質なものを削って、顧客の視点から新しい軸を持ち込むテクニックは『ブルー・オーシャン戦略——競争のない世界を創造する』（W・チャン・キム、レネ・モボルニュ著、ランダムハウス講談社）の戦略マップという考え方にくわしいので、参照してみてください。

基本知識4 仕入先を工夫すると原価は下がる

基本知識4の仕入先の工夫は、何を今さら当たり前のことをという印象を持たれたかもしれません。しかし、付加価値というのは売価から仕入原価を引いたものですから、仕入原価をいかに下げるかというのは儲けの鍵です。先ほど、同じカロリーであれば米ではなく小麦粉を原材料にした方が儲かりやすいのは、仕入の種類を変えることで原価を下げる方法です。

では、仕入先を工夫するとはどういうことなのでしょうか？　ボリュームディスカウントや相見積もりのことを言っているのではありません。もっと、視点を変えるのです。典型的には以下の3つのような方法があります。

❶中古のものを消費者から直接手に入れる
❷すでに付加価値が高いと思われている割高なものの廉価品を探す
❸顧客がただで作る仕組みにする

❶「中古のものを消費者から直接手に入れる」ビジネス

たとえば、古本、中古車流通、中古ゲーム、中古住宅等の市場があります。ブックオフのビジネスモデルを私が幹部にインタビューしていて、目から鱗が落ちるほどおもしろかったのは、ブックオフの立地で大事なことはその立地で「どれだけの人が買ってくれるか」ではなく、「どれだけの人が売ってくれるか」であるということでした。

なぜなら、ブックオフは本を定価の10％で仕入れて、当初は定価の50％で販売し、その後、徐々に引き下げていくビジネスです。したがって、売価が仕入原価の5倍からスター

仕入先の近くに出店するブックオフ商法の秘密

トするため、どれだけいい本を仕入れられるかの方が儲けのキーレバーとしてよほど重要なためです。

そのため、ブックオフは首都圏西部の比較的教育熱心、すなわち書籍をよく読む人が集まっている街を中心に展開が始まりました。大学の周りや高級住宅地の周り等が、品揃えがよくなるそうです。

同じく、中古車販売のガリバーのビジネスモデルも同様でした。中古車販売というと地味で暗いイメージがあるか、メーカーごとのディーラーが値引きとセットで扱っているものだったのを、徹底したブランディングと宣伝で明るいイメージを醸し出し、中古車だったらガリバーに売りに行くという顧客を増やしていったのです。これもブックオフと同じで、流通市場での売価がほぼ決まっている商品について、それを確実に下回る原価で仕入れるわけですから、手に入りさえすれば、確実に儲かります。

ゲームソフトのフランチャイズチェーンも実はかなりの部分を中古で儲けています。ゲームソフトの新品は競争が激しいため、どの店に行ってもほとんど一律、同じような仕入れ価格、同じような販売価格になってしまいます。しかし、そこで多くの新品ソフトを売り上げておくと、今度はそのソフトに飽きたユーザーが新品ソフトを同じ店に売りに来て、これを別の顧客に売ることで、新品ソフトよりもよほど厚い値幅で儲けることができるのです。

この中古販売でのポイントは何かというと、売り手と買い手の間に情報ギャップと取引コストがあるということです。まず、売り手は基本的には素人です。ですので、細かい相場はわかりませんし、本やソフトの販売に大きな手間暇をかけることはできません。

もちろん、何店も回って最も高い引き取り価格のところに売りに行くということは理論的には可能ですが、それにはあまりにも取引コストが大きくなるため、小口の売り手にとっては割に合わないのです。それだったら、ブックオフやガリバーのように、ある程度買い取り価格の仕組みが決まっている方が双方にとってメリットがあります。

このような仕組みはすべてのビジネスで汎用的に適用可能とは限りませんが、視点として、買い手とは違うビジネスモデルで価値を判断する顧客を獲得することで、原価を下げられる可能性があるということを示しています。

また、**❷「すでに付加価値が高いと思われている割高なものの廉価品を探す」**ということは、少しわかりにくいと思いますが、典型的には着メロとか、違法になりますがブランド品の偽造等があります。とくに着メロがすごく儲かったのは、CDや着うたと異なり、著作権の支払いが仕組み上、なかったことにあります。したがって、CDに比べたらお得感があるけれども、それでも原価も安いので着メロを提供する側にとっても十分に儲かるという月100~300円の価格付けを実現しました。

さらに、着メロサイトのすごかったことは、顧客獲得コストも各携帯電話会社の公式サイトに便乗していて非常に安く、顧客から料金を回収する仕組みも携帯電話会社への便乗ですんだため、コストがかからなかったことです。ある意味、少し優れた経営をしていれば、着メロ配信だけで確実に儲かったという数年間がありました。

もちろん、このような絶妙なバランスのビジネスはすぐに過当競争になったり、着うたのようなライバル商品が出てきて長続きはしませんが、いずれにせよ、ちょっとした仕入原価やその他周辺原価の工夫が大きく儲けにつながるといういいケースだと思います。

最後の、**❸「顧客がただで作る仕組み」**とは、たとえばYouTubeやニコニコ動画等最近の動画投稿サイトやブログのようなユーザーが作るコンテンツサイトを思い出してもらえばいいでしょう。こういったものはＣＧＭ（Consumer Generated Media）と総称されますが、仕入れコストがただに近いのですから、ほんのわずかな広告宣伝費しか稼げなくても、提供側が儲けることができるわけです。

事例として、同じインターネットテレビでも、ＵＳＥＮのＧｙａＯがなぜYouTubeに比べて苦戦しているのかを考えるとわかりやすいでしょう。ＧｙａＯは有料でコンテンツを集めてきていますが、YouTubeは無料なのです。しかも、番組数もＧｙａＯとはケタがいくつも違います。ＧｙａＯは仕入れコストがかかるというハンデがある上に顧客獲得についても、生まれてすぐから私たちが身に付けてしまった「テレビをついつける」という習慣が、ＧｙａＯにはないため、なかなか儲かるビジネスモデルになりにくいのです。

仕入原価の中で、いかに他人の努力に「合法的」に便乗できるか、という視点を持つことは重要です。

基本知識5 結局は地道なベンチマークが決め手になる

基本知識3や4では少し飛び道具的な引き下げ方法を説明しましたが、もちろん、経営コンサルタントが原価を引き下げようとする時にはこれだけではなく、もう少し地味な方法を併用します。

具体的には、まずは、現場のデータをひたすら集めるのです。ある商品・サービスができるまでに、バリューチェーンと呼びますが、どの段階でいくらの仕入原価がかかっていて、そこにどのような人件費が負荷されて、どのような割合で固定費の配賦がされていくのか、倉庫費がいくらかかっていて運賃がいくらかかっているのか等、細かいプロセスとそれに伴う原価について、社内のデータをかき集めて、全体像を把握します。

私も原価低減プロジェクトに従事している時には、実際に、働いている現場にずっと立って、メモを持ちながら、どの人がどのような動き方をして何の作業をしているのか、ひたすら記録をしていました。また、工場では、製造計画を会社の人に代わって作ってみて、何を製造期間の要素として考えなければならないか等の代行をしてみたこともあります。

そして、いろいろな手段で取った多くの社内データを、以下の2つの視点から比較をするのです。

・時系列や自社の他部署と比較する

・同業他社との比較、とくに国内だけでなく海外とも比較する

すると、比較を行うことで初めて、どこの部分が原価高を招いているのかわかります。私が扱った事例では、以下のようなポイントが原価高を招いていました。

・ある食品メーカーでは、「特急」と呼ばれる、大手百貨店等の無理を聞くためのオーダーが他の製造工程を圧迫し、その特急オーダーがもたらす儲け以上のコストを招いていました。

・ある設備メーカーでは、その製造装置は、海外他社と比較したところ、3～5倍のコストがかかっており、その原因は停電対策等についての「過剰品質」でした。

・ある銀行では、システム部門が作業のボトルネックになっていましたが、観察法と分析法で他社と比較したところ、システム規格を文書にまとめる作業が過剰となっていました。

いずれも、ポイントは、顧客の付加価値とは関係がないところから生じているということなのです。その部分を改善することで、顧客の品質を損なうことなく、むしろ製造のスピードを上げる等、顧客の品質を上げる方向で、原価を下げることができます。

どうやってベンチマークを決めるかということですが、自社についてはデータを集めることができますし、他社については、公開企業の場合は有価証券報告書やＩＲ資料を分析します。

また、汎用的なデータベースとしては、中小企業庁が毎年発表している「中小企業の財務指標」というデータベースが大変参考になります。日本標準産業分類に基づいて、業種ごとの原価構成をまとめたものです。大企業でも、部門１つひとつをとれば中小企業とあまり規模が変わらなくなりますので、意外と使い勝手がいい資料です。

ほかには、同業他社数社が集まって、コンサルティング会社のようなところが主導して、業界全体のデータベースを作って比較をすることもあります。

さらに、マッキンゼーのようなコンサルティング会社は長年、原価低減に関するコンサルティングを行っているため、自動車製造や半導体、銀行のようないくつかの大きな産業についてはは社内にもいろいろとデータベースが蓄積されています。このようなデータベースを活用して、冗費を探し、逆に投資不足のポイントを見つけていくわけです。

顧客原価を下げるための2大テクニック

これから、5つの基本知識を統合し、日常的に使える2つのテクニックを紹介します。テクニックの対象となる軸は2つです。

その1 常に顧客論理で原価管理を考える（需要者の視点）
その2 本当に鍵となる原価要素だけを管理する（供給者の視点）

その1 常に顧客論理で原価管理を考える（需要者の視点）

とにかく、基本は需要者の視点からものを見ることです。私たち経営コンサルタントが原価低減の分析をする時に行うことは、徹底的に買い手の立場になることです。すなわち、店頭で売っている商品であれば店頭で観察を行い、B2Bであれば、営業プロセスに同行したり、場合によっては自分たちが営業担当となって顧客へのプレゼンテーションや販売を行います。また、大量の人数の顧客インタビューも行います。

その時に、**KBF（Key Buying Factor：鍵となる購買要件）という、なぜ顧客**

がその商品・サービスを購入するのかということを顧客の視点から把握するのです。どんな商品・サービスでも、ただ安いからということで買われていることは非常にまれで、それぞれの顧客が何らかのこだわりを持って選ばれているからです。

したがって、そのこだわりについて徹底的に調査し、その部分の価値は強化し、逆に顧客が価値と認識していない部分についてはそぎ落としてしまいます。とにかく、供給者が陥りがちなのが、

- **KBFとなっている部分への過小投資と**
- **KBFとなっていない部分への過大投資**

です。

たとえば、私が扱っていたある小型のハイテク商品は、経営コンサルティングをしていた頃、色の品揃えが赤、黒、シルバーくらいしかありませんでした。一方、その商品の機能に何を入れるかということは社内で活発な議論がされていたのですが、どうやって色の品揃えやデザインを増やすかという点については、ほとんど見逃されていたのです。

しかし、私たちはコンサルタントとして、顧客インタビューや海外事例に基づき、顧客

のうち約3分の1の人たちは、機能よりも色やデザインを最優先に考えるという問題を導き、海外のカラフルな商品を実際に展示するなどの刺激を通じて、マネジメントに新しい視点を導入しました。結果、私たちは顧客がほとんど使っていない機能をそぎ落として軽量化を図る一方、どのようなバリューチェーンを組めば、原価を上げることなく色の品揃えを増やすことができるのか、検討することで顧客の売上を伸ばすことができました。

また、B2Bの事例で言うと、システム導入等について顧客が欲しがっているのはこれまでの実績であり、そのシステムを導入することでどれだけ原価の低減や売上の増加に貢献するかというデータであって、必ずしも価格ではないということを確認していました。そのため、営業担当者が営業プロセスにかけるコストを削減するためにそのような計算が簡単にできるようなテンプレートやプレゼンテーション資料の準備をすること、そのためのデータ集め等に時間がかけられるようにして、提案までの日数を短くする一方、安易な値下げをしないように業務手順を組み替える等の工夫をしてきました。

もちろん、顧客が1種類のKBFしか持たないことは珍しく、顧客セグメントにしたがって、顧客のKBFは変わってきます。顧客セグメントはB2Cであれば年齢や性別、所得、職業等に分けることが多いのですが、その本質はKBFの違いなのです。所得が高い人と低い人がいれば当然、低い人の方が価格感受性が高くなります。また、若年層の方が高年齢層よりもデザインにこだわる人が増えます。年齢や性別、所得、職業等は、あくまで、ＫＢＦの代理変数に過ぎないのです。

したがって、品揃えをよくするということは、多くの顧客に選択肢を与えるということであり、原価をあまり上げないようにしながら、複数の顧客セグメントに対応できるような商品作りが必要になります。しかも、繰り返しになりますが、需要者の反応は通常、マーケットに出るまで正確にはわからないのです。

大きなラインによる過剰な設備投資がなぜいけないかというと、多くの場合に、柔軟性を失ってしまうためです。当初は規模の効果により原価が低減するような気がしますが、顧客のＫＢＦにその製造設備が合わなくなった時には大変悲惨なことになりますので、注意が必要です。

とにかく、**現場で顧客のセグメントごとのＫＢＦを空《そら》で言えることが利益を作る鍵**になります。また、顧客のＫＢＦも必ずしも一定ではなく、ライバル社との比較で相対的に変わってきますので、常にＫＢＦから原価を考えるというクセをつけてみてください。ＫＢＦについてはどのビジネスパーソンも何となくは意識をしていると思いますが、ぜひ、それを明文化することをお薦めします。

その2 本当に鍵となる原価要素だけを管理する（供給者の視点）

その2は、原価要素の中でどの部分を集中的に管理するかということです。先ほど、KBFとその周辺について、過剰投資や過小投資が生じないように管理する必要があるという説明をしました。ところが、管理の問題点は、管理そのものにもお金がかかるということなのです。しかも、人間はせいぜい7桁の数字を覚えるのが精一杯の頭脳ですから、大量のことをいっぺんに管理することができません。

したがって、原価に影響する要素はふだんの私たちの活動の中のすべてですから、極端な話、「人がいない部屋は電気を消しましょう」とか「コピー用紙は裏を使いましょう」といった倹約癖が会社にはびこります。

しかし、『コピー用紙の裏は使うな！――コスト削減の真実』（村井哲之著、朝日新聞社）という本がよく売れましたが、私もコピー用紙の裏を使うことはお薦めしません。A4コピー用紙は500枚で500〜600円です。1日平均で20枚のコピーを使うとして、1枚約1円ですから、20枚×240日で、裏を使わない場合のコピー用紙代は4800円。裏紙を使って半分にしても、1年で1人当たり、2400円（月に200円）の削減にしかなりません。

一方、よくある原価高の原因として、会議に意味もない出席を求められたり、必要がない人が同席している場合があります。コピー用紙の裏紙を使った場合の1年分の節約代などは、そういったわずか1時間の人件費で飛んでしまいます。

そういう意味で言いますと、最も気にすべき原価要素は「人件費」です。人を雇いますと、とくに日本企業の場合には慣習的によほどのロー・パフォーマーか不況の際でないと解雇が難しいため、一度雇った人は社会保険料等を含めると、1年当たり軽く1000万円以上のコストになってしまいます。

しかも、人を雇って余剰人員が出たりするとやっかいなことに、多くの人は暇だと耐えられないので、顧客の価値にならない仕事を勝手に自己増殖的に作っていってしまうのです。成長企業が対応が早いのは、業務拡大のスピードに人が足りないため、意思決定も何もかも、非常に単純化されていてある意味、仕事が自己増殖する暇がないためです。

したがって、**原価管理の中で最も効くものを1つだけあげろと言われたら、「なるべく人を少なくすること」に尽きる**と思います。もちろん、人にノウハウを残すのは組織の中でとても大事です。しかし、**人はやや少なめくらいの方が、一人ひとりがストレッチするし、能力も伸びやすい**のです。

また、次に問題となる原価要素は「過剰な設備投資」です。私が各社の財務諸表を分析する際、真っ先に見るのがキャッシュフロー計算書です。そして、その中でも、「投資活動によるキャッシュフロー」を精査します。

なぜなら、設備投資の難点は、減価償却でゆっくりと費用化されるため、コストの責任が誰にあるのかがわかりにくく、過剰な設備、たとえば製造装置や新店舗への投資が起きやすいためです。また最近は、成長が止まってくると意味もなく新規事業を開始しようとしたり、シナジーのないM&Aをしようとする企業も増えています。

とくに、コストを考えなければ、お金がある限り、投資をすることで見かけ上、売上を増やすこともできるし、規模の利益を使って原価を引き下げることもできます。しかし、たとえば店舗展開を考えるとわかりやすいと思いますが、初めのうちは立地条件がよいところを選んで出店できますが、そのうちだんだんと条件が悪いところに出店する店舗が移っていくため、あまりにも出店をし過ぎると、収益性は下がっていくケースが多いのです。

ほかの経費については、**IT関連の経費についても注意が必要**です。多くの場合、ITを作る時には過剰スペックに陥りがちですが、そのようなITシステムを作ってしまうと、まず完成までに時間がかかり、さらに、そのメンテナンスに費用がかかり、ダブルで経営の足を引っぱります。とくに、IT関係のシステムは勝手に自己増殖していくため、よほど注意をしないとコスト高になります。

過剰品質の商品は顧客にとってコスト高になるのと同じように、過剰な人員がいたり、過剰な設備がある会社も顧客にとってコスト高になるのです。とくに、需要が供給を上回った1970〜1980年代まではいかに供給力を高めるかがゲームのルールだったため、どうしても企業のDNAに過剰供給のクセが残ってしまっているのですが、飽食の時代、過剰な栄養が私たちの健康によくないのと同様、モノ余りの時代は過剰な供給をいかに抑えるかが、新しいゲームのルールとして必要になっているのです。

顧客原価を下げるための実証プロセス

ここでは、第5章と同じく、顧客原価を下げるプロセスに焦点を絞りながら、説明をしていきたいと思います。

❶ 仮説構築

まずは、現在ターゲットとしている顧客に対して、KBFの洗い出しを行います。個人で行っても構いませんし、周りの仲間や部下と一緒に行ってもいいです。また、直接顧客に対応していない部署の場合には、自社の商品・サービスが社外に売られていく時に、どこの部分を顧客が評価をして買っていくのか、仮説を構築するわけです。

仮説を構築する時には、できる限り、客観的なデータも一緒に収集していきます。たとえば、顧客アンケートや原価データ、先ほど紹介した「中小企業の財務指標」等を比較して、何となくそう思う、というレベルから、実際に数値でそうだと言えるところまで落とし込みます。

たとえば、故障のしにくさに満足しているという仮説を立てた場合には、本当に故障率が同業他社よりも低いのか、少なくとも自社に関する基礎データを集めるわけです。同様に、コスト・パフォーマンスに満足していると考えた場合は、価格と顧客が求めている機能の比較表を考えます。

もちろん、読者の多くの方は経営コンサルティングのプロではないので、だいたいの仮説でよくて、それほど精緻なものは必要ありません。ただ、少なくとも何が軸なのか、意識することが鍵なのです。

ＫＢＦについて、わかりやすい事例として、携帯電話を考えてみましょう。ここでは、携帯電話の通信会社ではなく、本体を買う際に考えるＫＢＦを考えます。顧客のＫＢＦは大きく分けると次の３つにグループ化されます。

①とにかく価格がKBFという顧客。予算が限られている所得が低い顧客か、あるいは携帯電話そのものに興味がない顧客です（おおむね全顧客の30%程度。予算の少ない中学生や主婦層、高年齢層等が中心）。

②機能性がKBFという顧客。機能性の中でも、アドレス帳の数、メモリ量、音質、重量、ヒンジの形態、仮名漢字変換のやりやすさ、メールの打ちやすさ等、さまざまな内容に分化します（おおむね全顧客の40%程度。20～40代の男性に多い）。

③デザインがKBFという顧客。まずは色やデザインで買いたい携帯電話を選んでしまう顧客です。どんなに機能がよくとも、デザインが悪いものは身に付けたくないという顧客層があります（おおむね全顧客の30%程度。若い女性に多い）。

もちろん、価格重視のお客だって、安いものの中からよりデザインがいいものや、より機能がいいものを選びますし、機能性重視の顧客も、機能を満たした中ではデザインがいいものを選ぶでしょう。しかし、ＫＢＦというのは譲れない点、と言い直してもいいかもしれません。

他の特徴、たとえば電話がかけられるとか、メールが打てるといった基本機能は満たしていて当然で、その他にどういう点が上乗せされているかが、顧客へのアピールの鍵になります。

なぜ、だんだんと産業が成長時期から成熟期に入るとＫＢＦが価格になっていくかというと、機能やデザイン等、競合商品がどんどんよくなってきて、大半の顧客のニーズを満たしてしまうからなのです。そのため、差別化できる点が価格しかなくなったと多くの供給者が考えてしまった時点で、価格競争が激化します。とくに価格競争のやっかいなところは、同じ産業に属していると、自分だけそれを避けようとしても、避けられないということなのです。その場合には、競争の軸をずらして新しいＫＢＦを開拓するか、新規の分野に進出していくか、あるいは徹底的にコストを削減するしか道が残されていないことになります。

また、こういった顧客セグメントとＫＢＦの仮説について、かなりざっくりとしたものであっても洗い出しができない場合には、かなりまずい状況だと理解をしてください。何が自社の強みなのか、なぜ顧客が自社の商品・サービスを買ってくれるのか、この部分が起点になるため、ここがわからないとこれからのコスト削減の実行段階に移れないためです。

❷実行

❶の仮説に基づいて、ベンチマークを行った後に、コスト削減の実行段階に移ります。コストの削減については、単なる削減というよりは、むしろ「リバランス」と呼んだ方がいいかもしれません。すべてのコストを一律削減するのではなく、ＫＢＦ周りの投資はむしろ引き上げ、ＫＢＦに関係ない原価を引き下げるのがコツになります。

その時にとくに有効なのは、社内にいろいろ発生している**「とりあえず、迷った時には保険をかけてやっておこう」というオーバースペック、オーバーキャパシティ、オーバー人員に関わるコストをコツコツと退治していく**ことです。１つひとつのプロセスや原価についてのわずかな冗費でも、それがバリューチェーン全体にとって大きな増分コストとなります。

コストというとネガティブに聞こえますが、基本的にはすべて、売上を生むための投資として解釈ができます。したがって、投資効果が高いところにしかコストは使うべきではないのです。

削減できる余地があると考えられる部分について、数値で測れる目標と実行責任者、そして実行のステップを書き下していきます。ここでのコツは、削減ばかりでなく、必要なコストは追加をしていくことで、組織内でのモチベーションの低下を防ぐことにあります。

たとえば、先ほどの携帯電話の事例で言うと、その会社のＫＢＦがデザイン性であれば、デザイナーのコストや試作費のコストはより予算を増やしてもいいかもしれませんし、塗料の質についても引き上げることで、より顧客への魅力を増すことができるかもしれません。

一方で、デザイン性重視の顧客が必要としないような過剰な機能、たとえば添付ソフトを思い切って減らしてシンプルにする、デジカメの使わない機能を減らす、付属しているＪａｖａ等の言語の機能を下げる等で、ソフトウェアの開発費を減らすと共に、デザインの自由度を増すことを考えます。

また、コスト削減の効果の果実は、しっかりと最もリスクを取った人に分配されるように、人事評価も考慮する必要があります。なぜなら、売上増加や顧客獲得に比べて、コスト削減は地味な作業の割に社内調整の苦労が多いため、報われないという印象があり、なかなかやる気を出すのが難しいためです。

そのような中、**一番やってはいけないのが「一律5％ダウン」のような目標を作ってしまうこと**です。このような目標が入ると、たしかにせっぱ詰まってこれまでにない知恵が生まれることもあるのですが、**多くの場合、削りやすいところから費用が削られることになります**。

そして、削りやすいところとは、売上への影響が短期的には出ないけれども長期的には出てくるというような品質の項目だったり、研究開発や人材教育のような将来の投資であったりするわけです。

これまで、設備投資や人材投資について過剰な投資は避けるように繰り返し説明してきましたが、逆にナレッジや経験値の共有のような無形資産のノウハウの蓄積、あるいはプロシジャーの共有や標準化による人材教育については、むしろ多くの企業が過小投資になっていると考えています。

しかし、原価を考える際には、組織に所属する人材の労働生産性が悪いことが最も高いコストになりかねません。したがって、教育費をかけ、業務執行やコミュニケーション等の基礎訓練、人材同士がお互いに教え合うことを推奨するような組織風土作り等を行うことで、残業が減り、あるいはこれまでよりも少人数で同じ量の業務が執行できるようになり、コストの引き下げにつながっていきます。

コストダウンを目標に掲げて、そこで働く人たちがのびのび働けなくなったら元も子もありませんので、「コピー用紙の裏を使うことは意味がない」という話で象徴されるように、どこにリバランスをかけていくのか、戦略的な判断が必要です。

❸ 検証

検証は、ひたすらデータベースを蓄積し、自社の時系列での推移を分析するほか、「中小企業の財務指標」の原価項目や、上場企業の財務諸表を使って、同業他社とベンチマークの比較を行うことが必要になります。この場合、単に全体コストの上げ下げを気にするのではなく、顧客原価、顧客獲得コスト、顧客単価、顧客数の4つの変数の変化を同時に見ていくことが必要になります。

極端な話、多少顧客原価が上がったとしても、品質改善の結果、その他の3つの変数の状況が改善したのであれば、それは正しい経営判断だったのです。ただ、トータルでの原価の上昇を許容すると、どうしても顧客原価の引き下げが甘くなるため、原則としては原価を引き下げる部分と、より使う部分でバランスをとりながら、トータルでは業界のベスト・プラクティス（同業他社の中で最も優れた原価構成の企業）に並べるように、目標値を定めながら、効果測定を行っていきます。

この時に重要なのは、**一部の部署がデータをすべて抱え込むのではなく、現場の社員も含めて、多くの人が原価削減に関するデータベースにアクセスできるようにしておくこと**です。専門の部署が1カ月～数カ月に一度まとめて、それを会議で報告する、といったような形態の検証方法では、現場の社員は結果が出るまで、とても新しいやり方への我慢ができません。

いろいろな挑戦をしてみたら、目に見えて原価が下がってきた、という成功体験が、このような地道な原価管理を続けることを後押しする鍵になります。

セブン&アイ・ホールディングスは小売業の中で原価管理にとてもうるさい企業集団ですが、社内での標語は**「単品管理、死に筋排除」**です。これは何を言っているかというと、単品で儲からないものは置かないということです。よくスーパー等で言う目玉を作って、それは赤字でもいいから、ついで買いで黒字にさせるという発想ではなく、1つひとつの単品が儲かっている必要があるということです。そして、死に筋排除とは、回転率が悪い商品は機会損失が生じるので、どんどん店頭から外せ、という意味です。

どちらも当たり前のことを言っているように感じるでしょうが、本当にすごいことは、この標語がイトーヨーカ堂のパート社員にまで浸透しているということなのです。

現場で何か判断に迷った時には、常に「単品管理、死に筋排除」に戻って一人ひとりが判断をできるようにしています。それは、社内のデータベースと計数管理が非常にしっかりしているためです。

コスト削減に関するデータを検証する場合には、その検証の結果についてフィードバックが即座に社員にゆきわたり、それに基づいてさらに社員の行動が変わるという仕組みができていないと、効果は半減してしまいます。とくに、顧客獲得コストや顧客単価とは異なり、顧客原価については組織内のほとんどすべての人が関わってくるため、徹底した情報共有がコスト削減の鍵になるのです。

たとえば京セラでは専門部署が、時間当たりにいくらの売上があって、いくらのコストがかかっているのかを徹底的に計算を行い、それを月次決算という形で社員に公表しています。かつては、毎月の末日をコスト計算の日と決めて、月の稼働日22日前後のうち最後の1日はコスト計算しかしない、まで徹底したそうです。そこまで手間暇をかけることで、やっと一人ひとりのコスト感覚が身につくのです。

京セラのこの仕組みはもともと、松下電器（パナソニック）などの先輩企業の仕組みを真似したものです。松下や京セラのような企業が技術を蓄積しつつも、さまざまな経済環境の変化に対応しながらここまで第一線で生き残ってきているのは、しっかりとしたコスト管理の仕組みがあるからでしょう。

ＩＢＭがメインフレーム中心の時代からオープンシステムになった時に、生き残りをかけて全世界で取り組んだことも、その鍵はコスト削減でした。このことは、当時を経験したＩＢＭの社員にインタビューをすると、口をそろえていろいろと教えてくれると思います。これまでどんぶり勘定で行っていたマーケティングを全世界統一ブランドにして管理をする、社内での各種発注システムをオンライン化して集中管理をして購買コストを著しく引き下げる等、これまでとは違った利益のキーレバーを追求したのです。

利益を出し続け、会社としての継続性を保つためには、コスト管理、とくにその検証の仕組みが不可欠です。**コストをいかに引き下げるかが社員一人ひとりにクセとして根づいている会社はとても足腰が強固になります。**

第6章を補足するお薦めの参考文献

『イノベーションのジレンマ――技術革新が巨大企業を滅ぼすとき』（クレイトン・クリステンセン著、翔泳社）

第5章でもあげた本です。なぜ、過剰品質が生じてしまうのか、そのメカニズムを中心に読んでください。

『イノベーションへの解――収益ある成長に向けて』（クレイトン・クリステンセン、マイケル・レイナー著、翔泳社）

では、どうやったらイノベーションのジレンマを防ぎ、自社でもイノベーションを達成できるようになるのか、そのソリューションに向けた提案がされています。

『ブルー・オーシャン戦略――競争のない世界を創造する』（W・チャン・キム、レネ・

モボルニュ著、ランダムハウス講談社）

これまで競争の軸と考えられていなかった競争要件をどうやって把握し、これまでの血みどろの戦い（レッド・オーシャン）から抜け出して新しい価値を創造するかという方法論について、事例と共にくわしく説明しています。

『中小企業の財務指標』（中小企業庁）

http://www.chusho.meti.go.jp/koukai/chousa/zaimu_sihyou/index.html

中小企業82万社（製造業の場合には従業員３００人以下、卸売・サービス業の場合は１００人以下、小売業の場合は50人以下等）について、小分類にまでわたって、主要な財務データが記載されています。自分の部署と比較してどこにお金をかけすぎているのか、把握するのにとても参考になります。

『コピー用紙の裏は使うな！――コスト削減の真実』（村井哲之著、朝日新聞社）

原価削減の何が効率がよくて経営に寄与し、どのようなコスト削減が効果がないのか、豊富な事例でわかりやすく説明します。暗いと思われがちなコスト削減が経営の根幹の１つであることを知ることができます。

第7章

原則4
どうやって顧客数を伸ばすのか

顧客数について必要な5つの基本知識

勝間式「万能利益の方程式」の説明も、とうとう最後の変数になりました。顧客数です。

利益＝（顧客当たり単価－顧客当たり獲得コスト－顧客当たり原価）×顧客数

右の万能利益の方程式の中で、顧客数だけが足し算・引き算でなく、掛け算であることに注目してください。これまで、「成長は七難隠す」という説明をしてきました。そして、他の部分はどんなに成長をしても、足し算・引き算なので限界があります。顧客単価をどれだけ上げても、顧客獲得コストをどれだけ下げても、顧客数が変わらなければ、せいぜい利益も数割増し程度にしかならないのです。

ところが、顧客数が増えると、多少貧民効果で顧客単価が落ちても、規模の利益で顧客原価が下がるため、顧客1人当たりの利益額が膨らみますし、また、利益が出るのでそれを顧客獲得コストに再投資をすることでますます顧客数を増やすという好循環を生むことができるのです。

商品過多の時代、一部の売れ筋に顧客の需要は集中する

しかも、最近は情報過多、供給過多の時代です。あまりにも選択肢が多いと何が起きるかというと、選ぶのが大変になるため、一部の売れ筋に顧客の需要が集まってしまうのです。これは135・136ページで説明したジップの法則と呼ばれるものです。

たとえば、私がこの原稿を書いているのは2008年の2月ですが、オンライン書店のアマゾンで私から見ても、奇妙な現象が起きています。アマゾンのベストセラーのうち、1位となっている『お金は銀行に預けるな——金融リテラシーの基本と実践』(光文社)を筆頭に、コンスタントに私の著書4冊がお正月から2カ月にわたり、上位25位以内にランクインし続けているのです。アマゾンでは20万点以上の書籍を扱っているのですから、大変奇妙なことです。

少なくとも、リアルの書店ではそこまで集中することはないでしょう。

この仕組みは簡単で、日常的にアマゾンのベストセラーランキングを見る人は多いと思います。その人たちが見て、何だろうということで買ってしまう、買うからまた上位に入り続け、入っているからまた買われる、というポジティブ・フィードバック・ループが働き続けていっているためです。

もちろん、このような現象も、あとから説明するS字カーブの法則や顧客セグメンテーションから永久に続くわけではなく、ひと通りの潜在顧客を刈り取ってしまえばだんだんと収まっていく現象なのですが、それでも、商品過多、情報過多時代をよく示していると思います。

ある意味、ちょっとした努力、ちょっとした差別化が大きく市場に浸透するようになった時代、努力が反映しやすいいい時代と言えるのかもしれません。とくに、ITの発達は私たちの努力の増幅器として働きます。

以下、これまでと同じように、顧客数を増やすための5つの基本知識をまず、説明していきます。

基本知識1 何はなくとも「S字カーブ」の法則は理解をする

基本知識2 顧客セグメンテーションの基本はやはり年齢・性別・所得にある

基本知識3 潜在顧客数の規模は事前にほぼ把握できる

基本知識4 団塊世代、団塊ジュニア世代が重要である

基本知識5 客寄せビジネスと受け皿ビジネスの両方を用意する

基本知識1 何はなくとも「S字カーブ」の法則は理解をする

まずは、次ページの図6を見てください。これは、社会学者エベレット・ロジャーズが『Diffusion of Innovations』（邦訳『イノベーションの普及』翔泳社）で提唱した、商品が顧客に普及していく時のモデルです。

それぞれの採用時期別の層を説明すると、次のとおりです。

❶イノベーター（2・5％）

冒険的で、最初に革新的な商品・サービスを採用する人たち

❷オピニオンリーダー（13・5％）

自ら情報を集め、判断を行える能力のある人たち

図6　イノベーションの普及過程

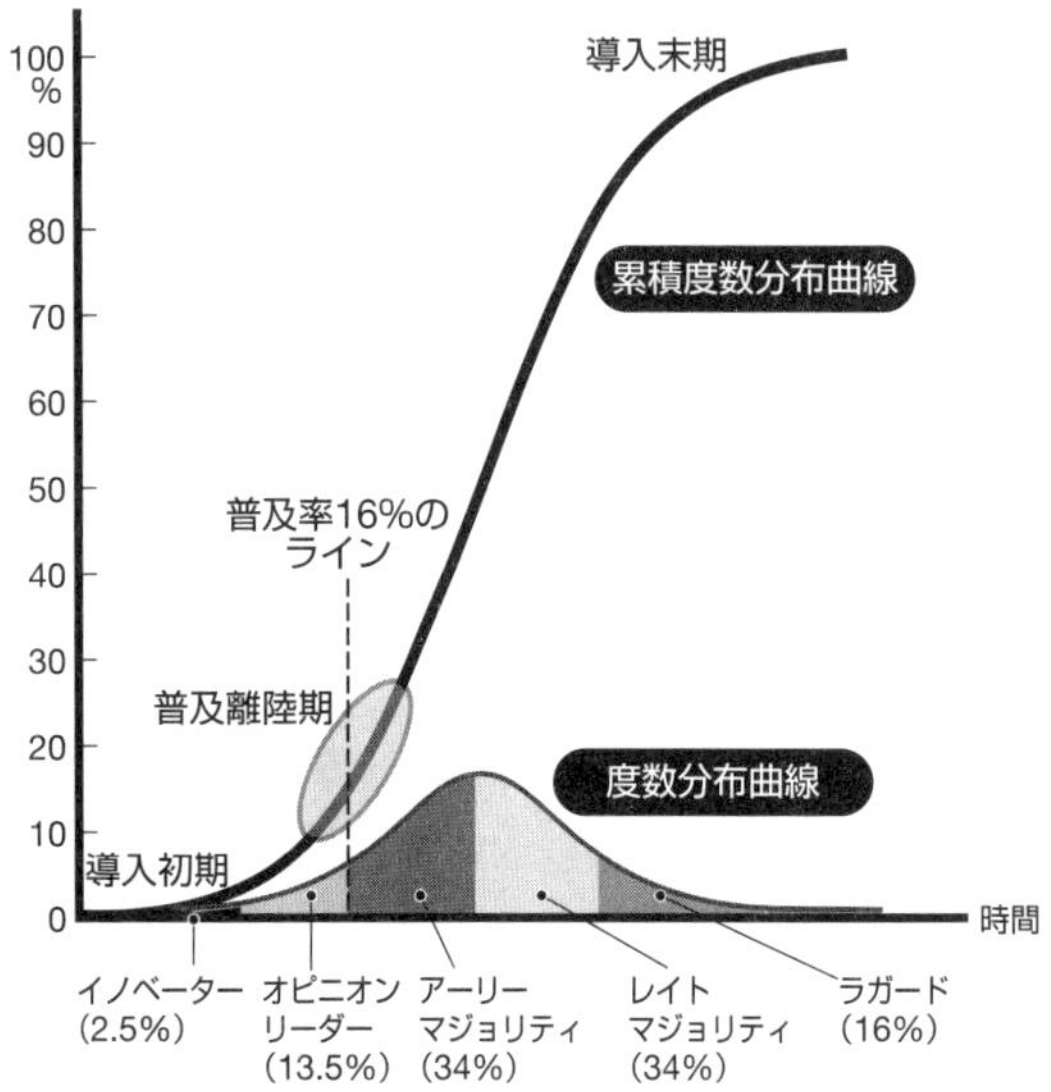

❸アーリーマジョリティ（34％）

オピニオンリーダーよりは慎重で、すでに採用している人たちに相談する等して追随的な採用行動を行う人たち

❹レイトマジョリティ（34％）

情報についてうたぐり深く、はやっているからという、世の中の普及状況を見て模倣的に採用する人たち

❺ラガード（16％）

最も保守的・伝統的で、革新的なものについてはようやく、最後に採用する人たち

そして、時間と共に、採用者の

数をとると、正規分布に近いベルカーブを描きます。さらに、このベルカーブを商品普及の累積度数分布曲線にすると、Ｓ字カーブになります。ロジャーズの理論は、イノベーターとオピニオンリーダーの割合を足した16％のラインが、Ｓ字カーブが急激に上昇するラインとほぼ一致することから、オピニオンリーダーへの普及が商品普及のポイントであることを発見し、これを「普及率16％の論理」と呼んだものです。

ただし、この行動パターンは消費者ごとに常に一定のものかというと、そうではありません。たとえば私はＩＴ機器や一部の電化製品については、❶のイノベーターや❷のオピニオンリーダーとしての行動を取ってきました。ＩＣレコーダーも、パン焼き器や、携帯ナビもかなり初期のバグが多い段階から何台も買って使ってきましたし、周りにも薦めてきました。

一方、同じ電化製品でもほとんど思い入れのないもの、たとえばテレビについては、いまだに家にある2台のテレビは薄型の液晶やプラズマでなく、古いブラウン管の重いもので、❺のラガードです。任天堂のＷｉｉも子どもたちにせがまれて、ようやく、２００８年のお正月に家にやってきました。

つまり、それぞれの商品・サービスの質に応じて、先行する顧客層とそうでない顧客層がいるということ、しかも、人によってその商品群も異なるということなのです。ただし、先行した顧客層に何とかうまい具合に商品を訴求して、そのオピニオンをもって16％水準を超え始めると、一気に普及が加速するということなのです。

次ページの図7に、日本の主な耐久消費財の普及状況をまとめました。カラーテレビやパソコン等、多くの商品がS字カーブをたどって普及してきたことがよくわかると思います。また、このカーブのもう1つの特徴として、普及率が50％を超え出すと、成長が徐々に鈍化していくことがあげられます。つまり、最も成長性が高いのは、16〜50％に至る、アーリーマジョリティの普及時期なのです。

もっとも、多くの新商品・新サービスは、オピニオンリーダーとアーリーマジョリティの間にある「キャズム（＝溝）」を越えられずに、大ヒットに至らずに終わります。なぜそうなるのかという仕組みについては、ジェフリー・ムーアの『キャズム』（翔泳社）がくわしいのでそれをひも解いていただきたいのですが、要は、これまで説明してきたKBF（鍵となる購買要件）がオピニオンリーダーとアーリーマジョリティでは大きく異なるのです。

アーリーマジョリティが求めるものは信頼性であり、コストパフォーマンスです。オピニオンリーダーがリターンを最大化したいというタイプの人間だとしたら、アーリーマジョリティはリスクを最小化したいと考える顧客層です。したがって、「実績があって

図7　主な耐久消費財の世帯普及率（日本）

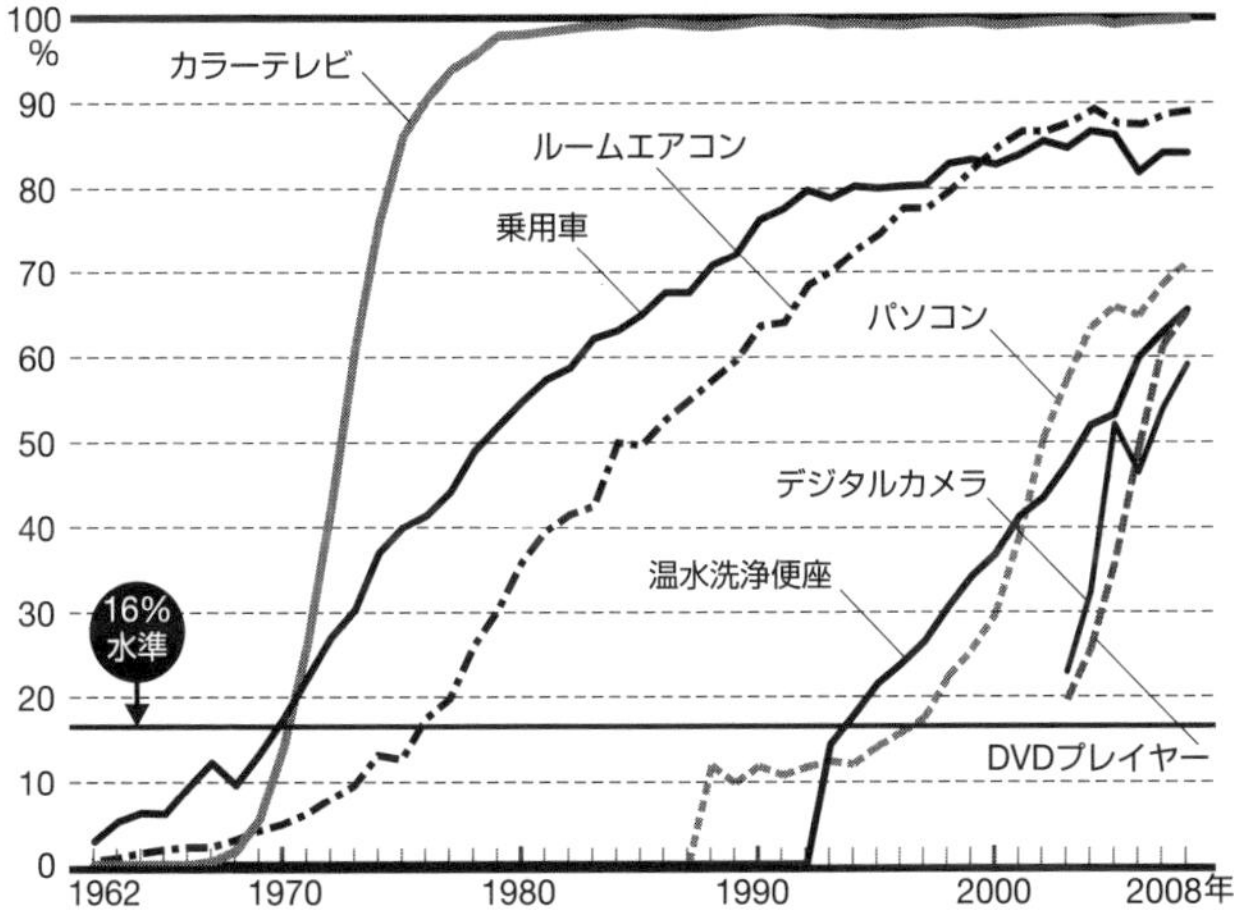

＊出所：消費動向調査（内閣府）
（http://www.esri.cao.go.jp/jp/stat/shouhi/shouhi.html）

はやっていたら買うけれども」という顧客が多いため、実績がないうちにアーリーマジョリティに行くのは至難の業なのです。

しかし、アーリーマジョリティにたどり着かないと、新しもの好きの人たちに受け入れられるだけで、一般に普及しなくなります。たとえば、パソコンが一気に普及率が跳ね上がった理由を覚えているでしょうか？　ウィンドウズ95の登場でした。それまで、マニアでないと使いにくかったパソコンが、保守的なアーリーマジョリティでも使えるようになったのです。キャズムを越えるためには、それぞれの層のＫＢＦを見極めて、その問題を1つずつ解消する地道な作業が必要になります。

その際にありがちな失敗として、**多くの企業はオピニオンリーダーの意見を聞きすぎて、マニアックな製品を作ってしまう**ことがあります。そうではなくて、今は顧客でないけれども、この問題が解決されたら顧客になる、という潜在顧客の層に対する問題解決が必要になります。だからといって、潜在顧客の層をあまりにも広げすぎると今度は要望が多くなりすぎるので、キャズムを越える時には、アーリーマジョリティ候補となる潜在顧客をにらみながら、戦略的に捕まえていく必要があるのです。

携帯電話を思い出すとわかりやすいでしょう。携帯電話がまずブレークしたのは、お買い上げ制度という、預託金を入れなくとも携帯電話を買える制度をNTTドコモが1994年に導入したのが、キャズムを越えるきっかけでした。これまで、資金に余裕があるビジネスパーソンにしか適用できなかった市場が、大きく一般市場にまで門戸が開かれたのです。

そして最近は、すっかりレイトマジョリティにまで、携帯電話は普及しています。アーリーマジョリティよりもさらに保守的なレイトマジョリティに携帯電話を買わせるために、電話代の分割支払制度や定額制を始め、さまざまな施策が導入されているのはみなさんもすぐに思い出せるでしょう。

携帯電話の月額利用料金をARPU（Average Revenue Per User）と呼びます。普及当初は数万円から始まったARPUも、今では6000円台にまで落ちてきています。しかし、数万人に数万円の市場を作るよりは、1億人近い顧客に6000円の市場を作った方が、はるかに規模が大きくなります。これが、キャズムを越えたビジネスの力なのです。

したがって、自分の商品・サービスを振り返る時にも、どのステージまで普及が進んでいるかで、今後の商品寿命の予測ができ、かつ、重点施策について考え方を切り替えることができます。

たとえば、アーリーマジョリティの時代には顧客獲得をいかに他社に比べて増やすかという顧客獲得コストと顧客数の変数の方が顧客単価や顧客原価よりも重要ですが、新規顧客がレイトマジョリティに移る段階になると、顧客単価と顧客原価の方が、顧客獲得コストや顧客数の変数よりも管理が重要になります。それぞれのステージにおいて、主たる儲けのレバーが異なってくるためです。

ところが、多くの会社はこれまでの成功体験を捨てきれないため、アーリーマジョリティ向けの施策をレイトマジョリティにも採り続けてコスト高になってしまうことがあるのです。たとえば、携帯電話の純増シェア（新規顧客が占めるシェア）はｉモードの時代には圧倒的にドコモが強かったのですが、レイトマジョリティの時代にはドコモの高機能戦略はまったくそぐわない施策になり、トヨタが大株主でレイトマジョリティの施策に強いａｕにどんどん逆転されていったのです。

いずれにせよ、このＳ字カーブの変化については、誰も逆らえません。それゆえに、**いかにキャズムを越えるか、キャズムを越えた後でアーリーマジョリティからレイトマジョリティに移るフェーズをどうコントロールするかが、利益の鍵**になるのです。

私は投資顧問会社を経営していますが、投資検討のため各企業のビジネスモデルを診断する際に、まず分析の対象となっている企業がどのステージにあるのか、そして、そのステージに即した経営リソースの配分を行っているかということについて、必ずチェックします。そのフェーズと施策が一致している会社ほど、安定した利益を生み出せるためです。

基本知識2 顧客セグメンテーションの基本はやはり年齢・性別・所得にある

顧客セグメンテーション、とくにＢ２Ｃにおいては、顧客を年齢や性別、所得で区切ることがよくあります。私もマーケティングの初心者の頃は、なぜいろいろな人にこんなにばらつきがあるのに、何でもかんでも、年齢や性別、所得で区切るのだろうと反感すら感

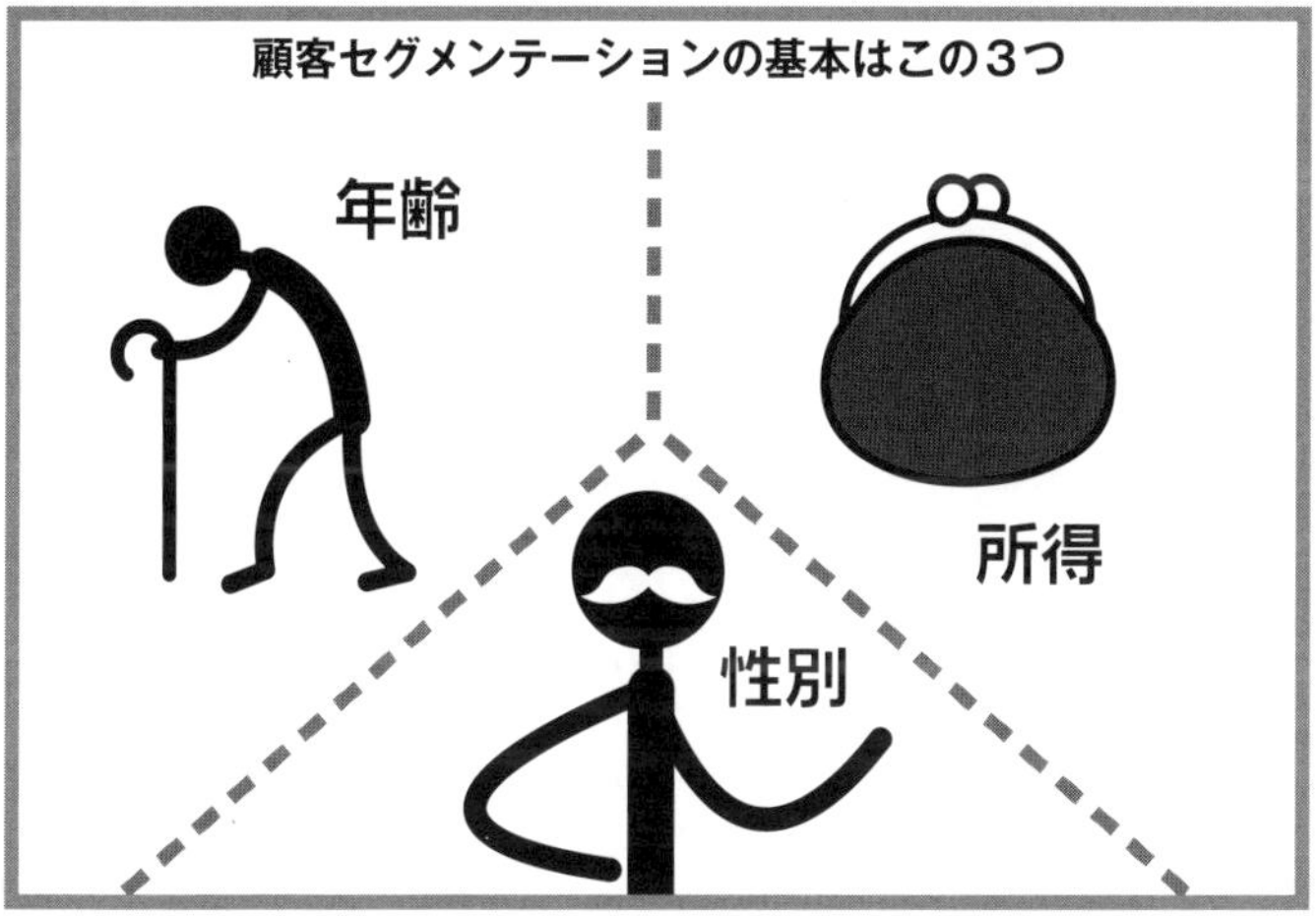

じました。

　しかし、実際にいろいろなマーケティング活動に従事してきて、本当につくづく感じるのは**「年齢・性別・所得はなんと優れた顧客行動の代理変数なのだろう」**ということです。ここで「代理変数」という言葉を使いましたが、これに注目してください。本当はどういう好みがあって、どういう価値観を持っていて、どういう優先順位で動いているのか、158ページ以下で説明したような上質世界を形づくっているものを1つずつ、顧客にインタビューできれば、それに越したことはありません。

　ところが、ふだんはそのようなことは実際には不可能です。だからこそ、ある程度外見でわかりやすい区別の仕方、たとえば年齢と性別で区切るしかないのです。実際、コンビニやスーパー、書店等、多くのレジで、実際にお客様が買い物をした時に、その人の年齢と性別だけは打ち込むようにしています。

そして、この年齢と性別ですが、意外とよく効く軸なのです。具体的には、私が10代の頃と、30代の今では、商品を選ぶ際にかなり優先順位が変わっています。10代の頃は予算は限られていましたが、時間はたくさんあるため、多くの製品をじっくり比べながら、限られた資金を有効に使おうと思っていました。また、当時は図書館も書店もたくさん使っていて、書店では毎日、立ち読みをしていたと思います。ところが、30代の今は時間があまりありませんが、予算はあるため、書籍についてはウェブで簡単にチェックをしたら、そのまま発注をしてしまいます。図書館に行くことも、書店での立ち読みもほとんどしなくなってしまいました。

言いたいのは、同じ人間であっても、10代の頃は10代のほかのメンバーと近い動き方をして、30代の頃は30代のほかのメンバーと近い動き方をするということなのです。また、男女の違いもいくらジェンダーフリーだからといっても、明らかにあります。私は「スープストックトーキョー」というスープのチェーン店が好きでよく行くのですが、顧客の80～90％は女性です。野菜が多くカロリーが低く温まるので、女性の私にとってはとてもツボな店なのですが、男性に聞くと、あれでは食べた気がしないということで、敬遠されています。体格が違うので必要とするカロリー量も違い、それが嗜好の違いにはっきり現れるからです。

それがいい悪いというのではなく、年代に応じて個々人のこれまでの経験の蓄積も違うし、性別に応じて体格や嗜好も違うし、所得に応じて予算の制限や優先順位が異なるということなのです。

もちろん、最近はデパートのカードや、あるいはオンラインでのアマゾンや楽天のように詳細な顧客の購買データベースを持つことで、より精緻な顧客セグメンテーションができる環境も整ってきました。そのため、いつまでもこの年代・性別・所得に応じたセグメンテーションにこだわる必要はないと考える人も多いと思いますが、やはり、このような基本の軸は確実に押さえておいた方がいいと思います。

229ページ図8は、世帯収入別に月々の支出をまとめたものです。まず、総額の支出金額で年収200万円未満の世帯の月額16・3万円から、年収1500万円以上の世帯の月額64万円まで、きれいに上がっていることがわかると思います。そして、医療や住宅関係の支出はさほど右肩上がりではありませんが、自動車や通信・放送受信等の費目は、所得に応じて大きく支出金額も上がっています。

したがって、年収200万円の世帯と1500万円の世帯では、支出の優先順位も、これまで説明してきたＫＢＦも大きく異なるのは自然なのです。

もう１つの注意点として、人間は他人の上質世界、本当に顧客の心に響くものについては、自分がよくわかっているものしか作ることができないということです。ですので、自分と同じような所得階層、同じような年齢層向けのサービスを作り込むのは比較的容易です。しかし、自分と違う顧客セグメント向けのサービスを作らなければいけない時には、徹底したマーケティングを行い、相手の気持ちが手に取るようにわかるほど、共感できるようになることが必須になります。だからこそ、フォーカス・グループ・インタビューや現場訪問が大事なのです。

私が感銘した事例では、ある大手企業の経営企画部長は、自社のコールセンターの回線を１つ、自分の席に流しっぱなしにしていました。常に、顧客の相談事やクレームがリアルタイムで聞けるわけです。また、ある営業部長は、代理店の販売員の女性２００人くらいとメル友になり、現場の情報を常に吸い上げ続けていました。

自分と違う顧客セグメントの嗜好や考え方を皮膚感覚でつかめるようになるまで、データ収集を続けることが利益向上の鍵になります。

また、Ｂ２Ｂの場合にはＢ２Ｃとは異なるＫＢＦが必要になりますが、どのようなＢ２Ｂ商品も、最後はＢ２Ｃに到達しますので、そのバリューチェーンの中でどのような顧客

図8　世帯収入別の家計支出（平成18年）

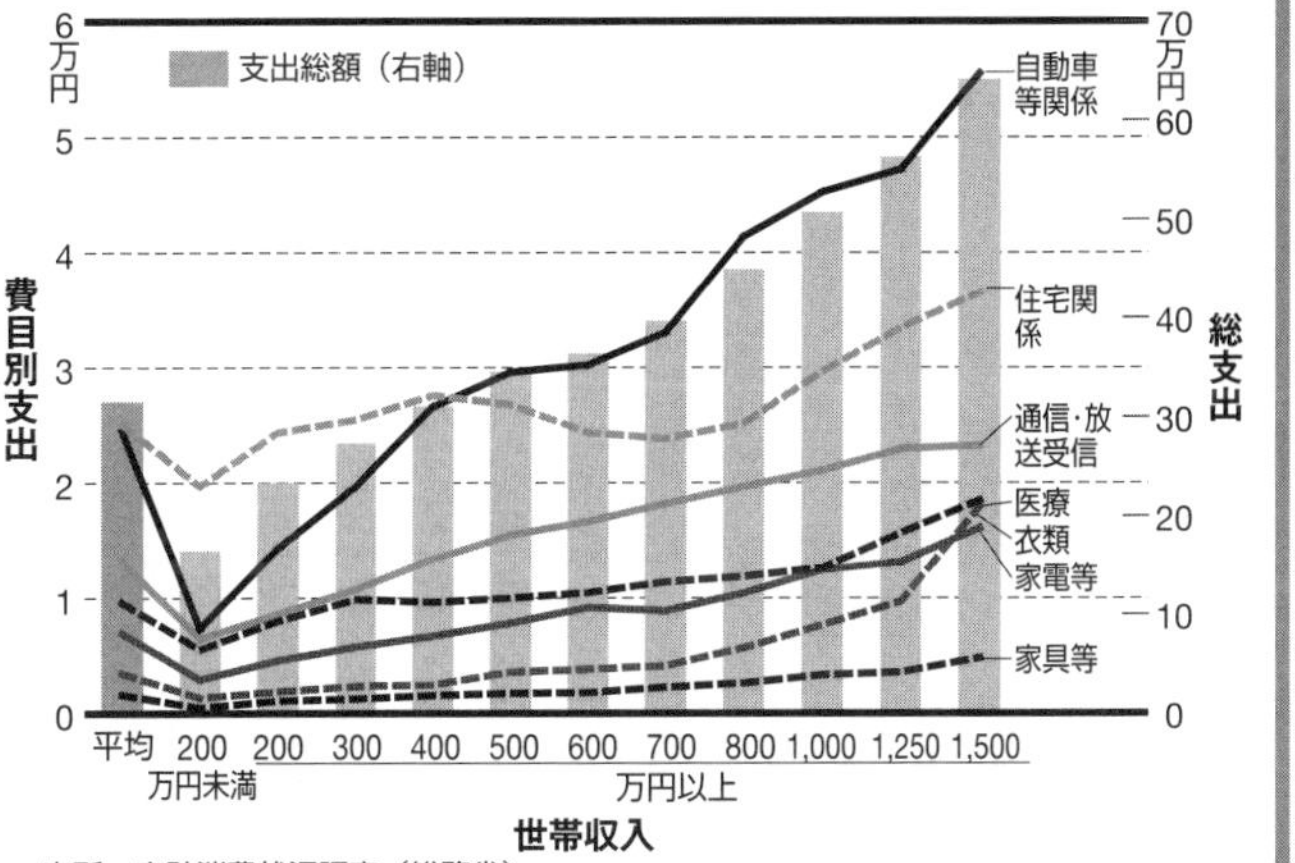

＊出所：家計消費状況調査（総務省）

がどのようなKBFを欲しているのか、理解をする必要はあります。その上で、B2Bの場合には購買担当者がどのような評価基準を持っており、社内でどのような評価体系で取り扱われ、何をサポートすれば自分たちの商品・サービスが購買されやすいのか、購買担当者の気持ちになって考える必要があります。この時にも、顧客セグメントごとに考えるという習慣はとても役立ちます。

所得別の行動の嗜好については、『下流社会――新たな階層集団の出現』（三浦展著、光文社）や『ザ・ニューリッチ――アメリカ新富裕層の知られざる実態』（ロバート・フランク著、ダイヤモンド社）等がありますので、基礎知識としてぜひ、押さえておいてください。

基本知識3 潜在顧客数の規模は事前にほぼ把握できる

次は潜在顧客数の計算です。最大の潜在顧客数は商品力がある輸出型の製品などの例外を除いて、ほぼ論理的に計算できます。というのは、顧客セグメントごとに顧客対象となりうる人がB2Bの場合も、B2Cの場合もほぼ決まってくるからです。

日本の世帯数は2005年現在で4678万です。また、人口は1・3億人です。この2つの数値を軸に、世帯当たりの消費量、あるいは人口当たりの消費量を掛けると、自ずと市場規模は決まってきます。

書籍の市場を考えてみましょう。この本を読んでいる人を含め、日常的に本を読む人は自分が市場の平均的な消費者だと思いがちです。したがって、書籍の市場を実際以上に大きく考えがちなのですが、実際には雑誌で1・3兆円、書籍で9000億円ほどしかありません。これはなぜかというと、書籍・雑誌への支出は1人平均、月に1000円に満たないくらいしかないからです。携帯電話の5000〜6000円に比べて圧倒的に小さいことがわかると思います。

それでも、新書はよく売れていますが、新書のちょっとしたヒット書籍で5万〜10万部、大ヒットで本のファンならほぼ題名を知っているというレベルで30万〜50万部です。一方、『女性の品格』のように100万部以上売れる本というのは年に数冊、あるかないかです。これはなぜかというと、どの年代も90％くらいの人が書籍を読む習慣があるとしていますが、実際に購入頻度を尋ねると、月に1回以下の購入頻度しかない割合が50％以上を占め、毎週本を購入するようなヘビーユーザーはわずか10％しかいないためです（出所：「書籍についての調査」2007年11月、株式会社エルゴ・ブレインズ）。

そうすると、成人人口は約1億人ですから、1億人に書籍を読む人が90％、そしてそのうち、ヘビーユーザーを10％とすると、1億人×90％×10％＝900万人という潜在市場が出てきます。さらに、この中で漫画、小説以外のジャンルを買う人は10〜20％しかいませんので（出所：「書籍についての調査」2007年11月、株式会社エルゴ・ブレインズ）、大目に見て20％を掛けても、900万人×20％＝180万人がおおまかな、本のヘビーユーザー（＝少なくとも、今、あなたが読んでいるこの本のようなマニアックな本を読む人）の潜在市場規模になります。

したがって、**10万部のヒットというのはヘビーユーザーの5％以上の市場シェアを目指すということなので、実はかなりハードルが高い**のです。

他方で、コンビニの潜在顧客ターゲットはどのくらいあるかというと、ほぼすべての顧客がターゲットになります。どちらかというと、コンビニにとっては、そのコンビニの立地がカバーしている商圏内の人口密度とライバル店の数、それに配送コストの方が課題になるのです。

他にももっと限られた市場、たとえば機関投資家向けの情報サービスを考えた場合、投資顧問会社、証券会社、銀行等はすべて合わせても数千の単位です。したがって、法人契約を行う時には1社当たり、かなりの顧客単価でないと商売にならないことがわかるでしょう。現に、ブルームバーグという機関投資家向けの情報端末がありますが、こちらの価格付けは月20万円になっています。Yahoo!ファイナンスVIP倶楽部という金融情報サービスが月額2079円ですから、その100倍の価格になっているのです。

そして、潜在顧客に対して、S字カーブを越えた訴求を行うと、顧客獲得コストが莫大にかかるため、お薦めできません。買いたくない顧客やかなり購入に説得がいる顧客に対して無理に訴求をしようとしても、結局利益が出ないからです。

ノートパソコンで言うと、松下電器（パナソニック）のレッツノートの事例がおもしろいと思います。私はこれまでいくつかの書籍で松下のレッツノートの推奨をしてきましたが、このレッツノートも、かなり顧客ターゲットを絞った製品です。もともとB2Bのビジネスパーソン向けに開発した商品をＢ２Ｃにも一部流通した、というのが出自です。したがって、おまけソフトウェアもなし、液晶も決してきれいではなく、デザインも質実剛健といえば聞こえがいいのですが、銀色一色でゴツゴツしています。

その代わり、電池の持ち、軽量性、頑強性、防水性等、ビジネスのために持ち歩くことを前提とした使い方であれば欲しいであろう機能、すなわちＫＢＦはきれいに網羅しています。結果、日経ＢＰ社が実施した「Windows ユーザー２１００人が選ぶ２００７年版パソコン満足度ランキング」において、レッツノートが顧客満足度の1位の評価となりました。

また、広告についても、『日経ビジネス』や『日経パソコン』、それにインターネットのようなターゲットとするユーザーに近いメディアに特化し、ほとんどテレビコマーシャル等の不特定多数向けのマス広告は打っていなかったことにも注目したいと思います。

ノートパソコンの年間の日本の市場規模は７００万台前後です。このうち、モバイル型（重量2キロ未満）とそうでないものの比率は正確にはわかりませんが、会社の発表では松下のレッツノートはモバイル型の市場シェア20%を占めるそうです。したがって、年間の販売は数十万台単位でしょう。ただ、日本のパソコン市場はすでにレイトマジョリティの時期に入っており、大きな伸長は見込めません。そこで、松下は２０１０年までに、２

007年で2万台の海外での販売実績を15万台にするという戦略を掲げました。

これは、顧客セグメントから計算して日本より海外の方が現在のレッツノートの商品性では伸長の余地が大きいと判断した結果だと考えます。もちろん、これからも国内のシェアは伸ばすようにするようですが、現在顧客満足度1位ということは、逆にこれ以上の改善余地は少ないということでもあります。

いずれにせよ、潜在顧客数は対象となる人口・世帯数に浸透率を掛け、そこに市場シェアを掛けるとほぼ、少なくとも桁違いはしない範囲で計算ができますので、自社の市場の可能性が今後どのくらいあるのか、どのようなビジネスでも、冷静に顧客数を見積もることが必要です。

基本知識4 団塊世代、団塊ジュニア世代が重要である

237ページの図9は日本の人口ピラミッドを表したものです。2005年の国勢調査なので、現在この本を読んでいる年まで年齢を足して欲しいのですが、たとえば2008年には団塊世代が58～60歳、団塊ジュニア世代が33～36歳になります。そして、団塊の世代や団塊ジュニアの世代の特徴は、その前後の世代に比べて、一学年当たり20～40％ぐら

い、人口が多いことです。

このような数十％の差ですが、顧客数の広がりを考える際に、実はすごく大きいのです。顧客単価がわずかに上がるだけで利益額が膨らむのと同様、顧客セグメントが大きいと、顧客数が大きくなり、利益も大きくなりやすいのです。しかも、何回か説明しているジップの法則も働きやすくなり、**団塊世代や団塊ジュニア世代を起点としたマーケティングはヒットにつながりやすい**という利点があります。

たとえば、私の書籍はメイン・ターゲットをロスト・ジェネレーションと呼ばれる、現在30歳前後の就職氷河期時代を過ごした団塊ジュニア世代とそのすこし下の世代と位置づけています。そして、その世代の問題を解決するということを念頭に置いて、いつも語りかけをしているつもりです。結果として、ある程度の実績を残してこれたのではないかと思っています。

あるいは、「団塊の世代」という言葉をつくった堺屋太一氏や『失楽園』『愛の流刑地』等で有名な渡辺淳一氏はなぜ著作がよく売れるかというと、まさしく団塊の世代が買っているからです。

私は経営コンサルタント時代、戦略を組む時にＷｈｅｒｅ（どの顧客ターゲットに向けて）、Ｗｈａｔ（どのような商品・サービスを）、Ｈｏｗ（どうやって売るか）という段階

に分けて教育を受けてきましたが、その中でもとくに先輩コンサルタントから強調されたのが「Ｗｈｅｒｅ」の重要性です。どの顧客層に向かって商品・サービスを展開するかということだけで、だいたいその成否が80％決まると言われました。

潜在顧客層が多いところにアタックする手法はいろいろありますが、その中でも、この団塊世代、あるいは団塊ジュニア世代を狙うというのは1つの王道ですので、ぜひ、意識してみてください。

なお、少子化のゆくえを含め、このような人口動態に興味を持つことは、経済の将来変化を観察する際に、とても役に立ちます。「人口経済学」といわれる分野です。ベビーブーマーが経済や株価に与える影響については、『バブル

図9　日本の人口ピラミッド（2005年）

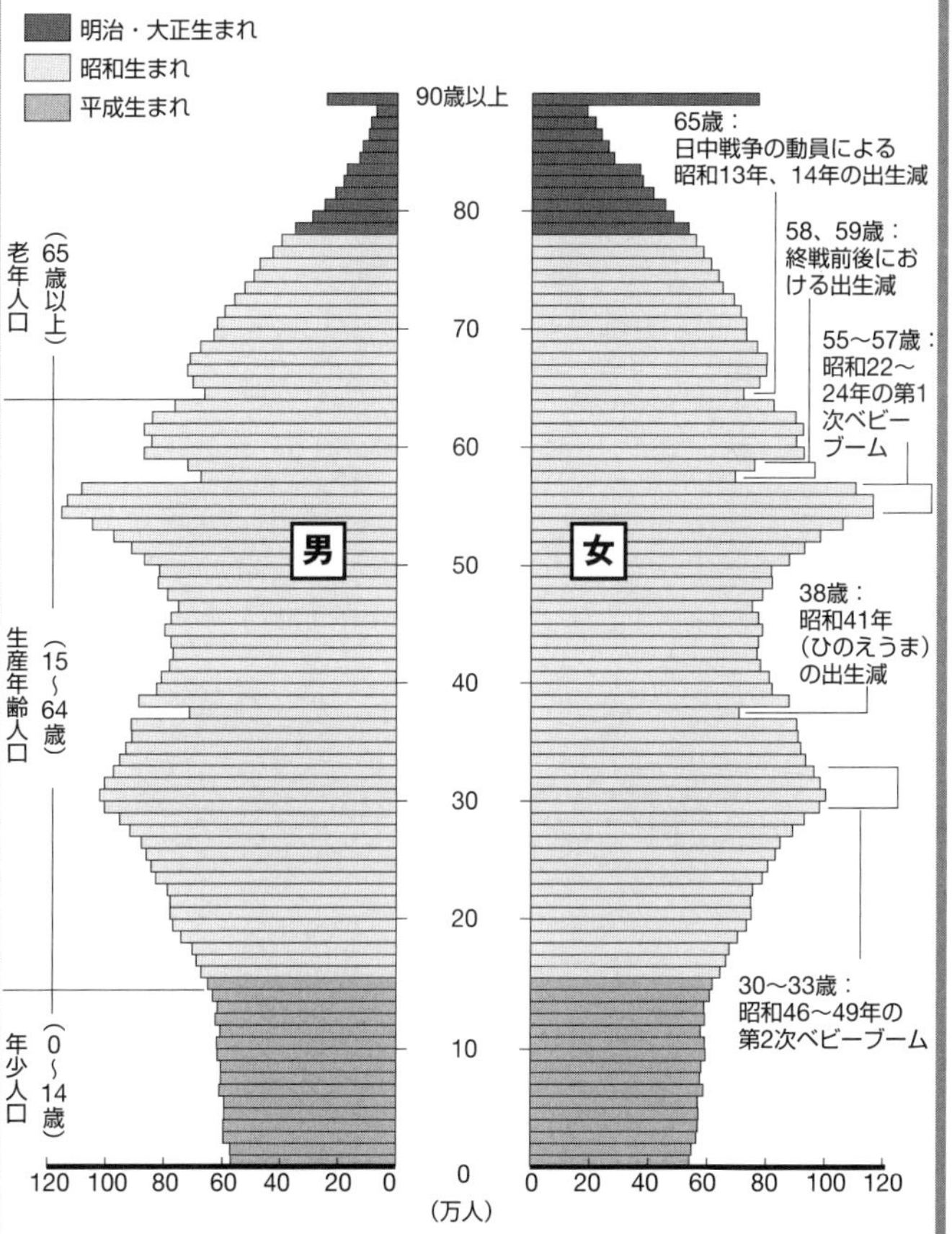

＊90歳以上人口は年齢別人口が算出できないため、まとめて「90歳以上」とした。
＊出所：総務省統計局

再来』（ハリー・S・デント・ジュニア著、ダイヤモンド社）がわかりやすいと思います。投資に関する本なのですが、投資に興味がない人でも、人口動態の変化とこれまでの影響、これからの予測について、とてもわかりやすく学ぶことができます。

顧客セグメンテーションにおいては年齢、すなわち、どの世代がどのような経験を経てきて、どのような価値観を持っているかということが重要であるという説明をしてきましたが、さらにそれを動的に考え、人口動態まで発展させると、より複眼的な視点を持つことができます。

基本知識5 客寄せビジネスと受け皿ビジネスの両方を用意する

顧客数を増やす時に大事なことは、提供者の商品またはサービスを何らかの形で体験してもらって、信頼を獲得することです。とくに、最初に試したいと思うものについては、かなりハードルを低くしておく必要があります。

通常、多くのビジネスでは単一の商品・サービスだけを提供しているのはまれで、複数の商品・サービスを提供しています。その時に、顧客数から見た時に次の場合分けが重要です。

❶顧客数の間口を広げるためのサービス（客寄せビジネス）
❷顧客単価を広げ、儲けるためのビジネス（受け皿ビジネス）

いきなり❷の受け皿ビジネスだけを用意して成功する場合もありますが、❶と組み合わせた方が顧客の広がりには期待できます。

たとえば、高級店が昼間に格安でランチを提供しているケースがあります。夜に行くと客単価が1万円以上するところでも、ランチで2000円ちょっとくらいのようなお店は珍しくないでしょう。

これは、ランチの時間も稼働率を上げて儲けを増やすという理由もありますが、より大きな理由は、顧客の間口を広げるためです。レストランのように体験型のサービスにおいては、実際に訪れて、食べてみないと、その良さがわかりません。とくに単価が高いお店では、どうやってそれを体験してもらうかということが顧客数の増加につながるためです。

拙書『お金は銀行に預けるな――金融リテラシーの基本と実践』（光文社）で銀行の儲け（=受け皿ビジネス）は住宅ローンや定期預金によっているという説明をしました。しかし、いきなり住宅ローンや定期預金の顧客は生まれないので、給与振り込みや口座引き落としサービスのような地味で安価なサービスで客寄せをして、受け皿ビジネスにつなげていくのです。

何回か上質世界という説明をしてきていますが、客寄せビジネスでの体験を通じて、私たち顧客はこの商品・サービスの提供者を自分の上質世界の一員として考えていいかということをある意味、評価しているわけです。そして、OKだと判断した時に初めて、より大口の取引に結びつくことになります。

もちろん、客寄せビジネスが多すぎてコスト倒れになってしまい、受け皿ビジネスまでつながらないというのは論外ですが、いかにして常に自社のフィールドに新しい顧客候補を呼び込む仕組みを作るかについては、工夫の余地が大きいと思います。

顧客数を増やすための2大テクニック

次は5つの知識を統合した2つのテクニックを紹介します。テクニックの対象となる軸は2つです。

その1 商品のフェーズに合わせ、顧客数と他の変数のバランスを取る（S字カーブの視点）

その2 現在の既存顧客のメッセージに耳を傾けすぎない（継続成長の視点）

その1 商品のフェーズに合わせ、顧客数と他の変数のバランスを取る（S字カーブの視点）

重要なことは、普及時期に応じた顧客セグメントごとにＫＢＦが異なるため、そのフェーズごとに商品性の重要ポイントやメッセージを変え、ライフサイクルが失速しないように管理をすることが顧客数獲得にとっては最も重要です。

それぞれのセグメントごとのＫＢＦとかけるべき戦略リソースをまとめていきましょう。

❶イノベーター（2・5%）

冒険的で、最初に革新的な商品・サービスを採用する人たちです。したがって、新規性がある、他人と違う、技術的に優れている等、「これまでとの違い」や「斬新さ」がＫＢＦになります。したがって、この時点ではイノベーターの優越感をくすぐるようなメッセージを出しながら、イノベーターの意見も聞いて商品・サービスの品質向上に励むことになります。

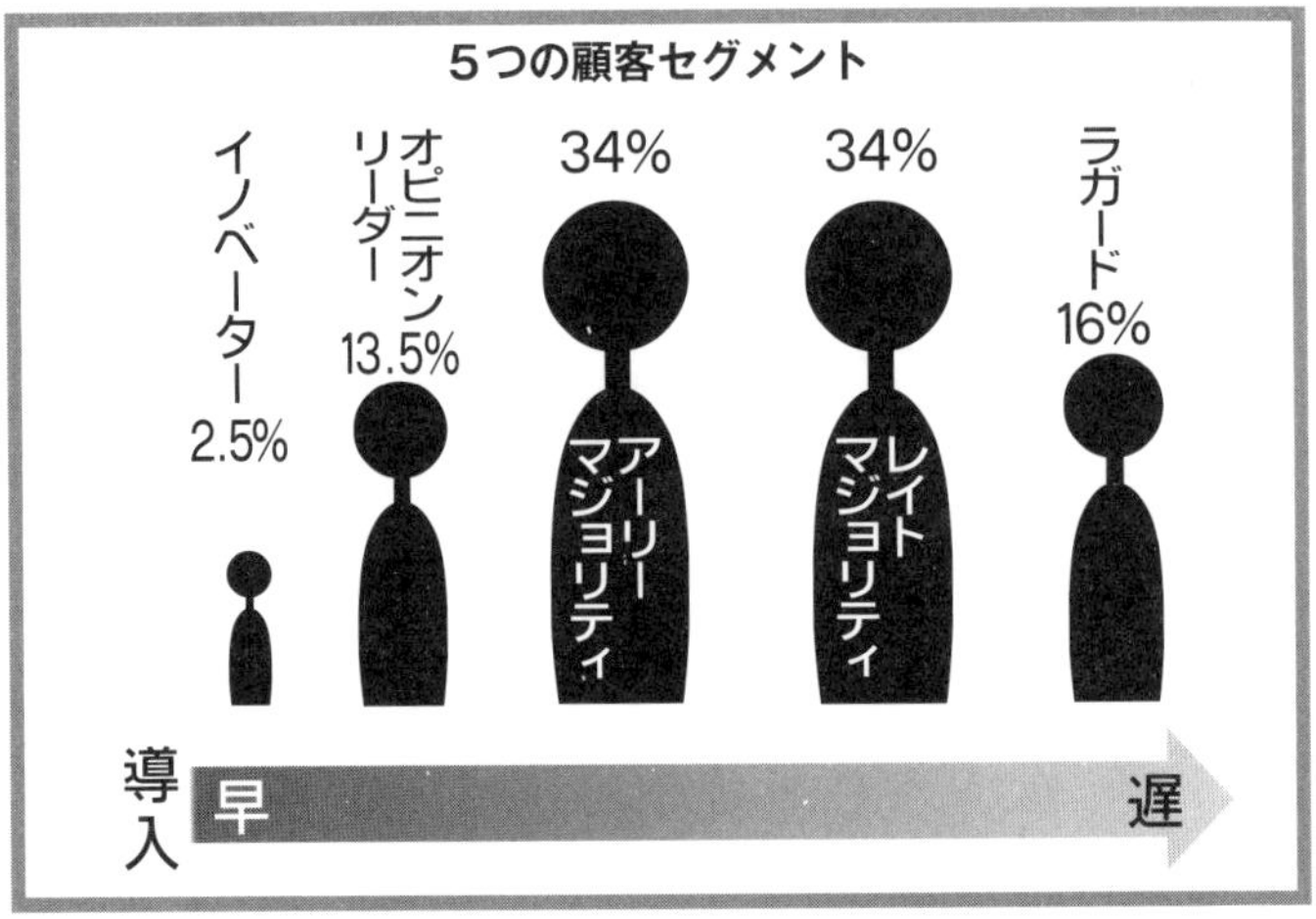

利益の方程式の4つの変数の中では、まだ試験的に作られていて、割高になっている「顧客原価」の引き下げが重要な課題です。なぜなら、顧客単価は高い傾向にありますし、口コミのアクセスは重要ですが、まだマス向けの顧客獲得コストをかける段階でもないからです。

いかにイノベーターを含めたマーケットでの需要者から、その要望を受けとめつつ、逆にイノベーターにとってもほとんど評価されないような機能やKBFとなっていないものについては投資を抑え、一方で規模の利益を得た場合にはどこまでコストが引き下げられるのか、潜在需要に応じたプライシングを検討します。

❷ オピニオンリーダー（13・5%）

自ら情報を集め、判断を行える能力のある人たちです。ただし、イノベーターとの違いは、必ずしも新しいことのみに重点を置くわけではありません。むしろ、時間単価が高いビジネスパーソンのような人が多いので、**「いかに新しいものを使うことで自分の効率が上がるか」という点がKBF**になります。

アーリーマジョリティとの違いは、リスク許容度がオピニオンリーダーの方が高いということです。また、予算にも余裕があります。そして、イノベーターよりも人数が多く、周りへの影響力も大きいため、オピニオンリーダーをいかに魅了するかということが初期段階での課題になります。

4つの変数の中では、顧客獲得コストをコントロールしながら、どうやってターゲットユーザーをつかまえるかということが重要です。しかも、この段階では、必ずしも顧客獲得コストを下げるということではなく、むしろ、潤沢に顧客獲得コストを使えるかということの方が課題になります。

まだこの段階でも、顧客単価は比較的高いため、どうやって価値をターゲットセグメントに落とし込むかということがキーレバーになります。そのためには、顧客にとって、その商品・サービスを使うことでどのようなメリットが生じるのか、本人がビビッドに想像・理解できるように訴えかけていきます。

❸アーリーマジョリティ（34％）

オピニオンリーダーよりは慎重で、すでに採用している人たちに相談する等して追随的な採用行動を行う人たちです。問題は、オピニオンリーダーとアーリーマジョリティの間に存在する「キャズム（＝溝）」です。前者は自分で判断をしますが、後者は人の評判で判断をします。そして、オピニオンリーダーとアーリーマジョリティが属しているコミュニティは違うことが多く、自然発生的にはコミュニケーションが必ずしも成立するとは限らないことです。

この段階でのキーレバーは再び、顧客単価と顧客原価になります。アーリーマジョリティは価格感受性が前2つのセグメントに比べると一気に高まるため、こなれた顧客単価でないと商品・サービスそのものを試してくれないのですが、そのためには、顧客原価もこなれていることが必要です。したがって、顧客の要望をすべて受け入れるのではなく、残すものと残さないものの選別が、顧客原価を引き下げる鍵となります。ただ、その時には必ず、顧客単価とのバランスを取る必要があります。

そして、顧客単価の決め方について、第4章で説明してきた顧客単価の支払い方法を工夫したり、オプションを使ったり、松・竹・梅のプライシングを用意するといったようなものは、この段階で最も効いてきます。

顧客獲得については、これをマスで一気に行うと、たいてい苦戦します。それよりは、あるセグメントのアーリーマジョリティだけを集中して開拓した方が、顧客に対するリファレンスが取りやすいのです。

たとえば、商品・サービスでもよく「シリーズ化」ということを行いますが、これはこれまでの信頼性を軸に、特定の層のアーリーマジョリティを獲得するのにとても役立つ手法です。他にも、アフィリエイト広告や紹介キャンペーン等は、キャズムを越えさせるための典型的な手法です。

多くの新商品・新サービスがキャズムを越えることができないのは、そもそも当初のコンセプトでは今の技術水準等の制約条件でアーリーマジョリティが望むような顧客単価にできなかったり、あるいは最初からアーリーマジョリティそのものが存在しなかったりすることがあります。

ぜひ、参考文献として『キャズム』は一読をお薦めします。

❹ レイトマジョリティ（34％）

情報についてうたぐり深く、はやっているからという、世の中の普及状況を見て模倣的に採用する人たちです。アーリーマジョリティからレイトマジョリティに移行することは、キャズムを越えるよりは難易度が低くなります。しかし、レイトマジョリティの特徴として、よりうたぐり深いため、1人が推奨しているだけでは物足りず、複数の人からの推奨を受け、かつ、著名なメディア等が取り上げて、薦めてくれることが安心感につながります。

この段階でのキーレバーは顧客単価と顧客獲得コストのバランスになります。ありがちな間違いとしては、アーリーマジョリティに比べてもさらに価格感受性が高いので、ついつい、現場に主導させると値下げに顧客獲得の手段を置いてしまって、必要以上の値下げを行い、収益性を損ねてしまうことがあります。また、代理店のコントロールが効かなくなってくるのもこの頃です。顧客獲得力のある代理店が複数出てきて、主導権を代理店側に奪われ、顧客獲得コストがかさんでしまいます。

したがって、オピニオンリーダーの段階ではいかに顧客獲得コストの予算を獲得するかということが課題でしたが、ここではいかに顧客獲得コストをかけずに顧客を集めるかということが課題になります。

ただ、難しいのが、この段階の人たちは**「周りの人が使っている」ということが大きな動機**になりますので、あまりにもそこで顧客単価の引き下げを渋りますと、競争に負けたり、失速が起こります。

よって、顧客獲得コストを効果的に使うためには、広告宣伝とパブリシティの効果測定が不可欠になるのです。ある意味、商品やサービスの仕様や技術の細かい部分への革新はアーリーマジョリティの頃に比べて落ち着いてきますので、今ある製品やサービス性を前提に、いかに効果的なチャネルやメディアを考えていくかという戦略が必要になります。

❺ラガード（16％）

最も保守的・伝統的で、革新的なものについてはようやく、最後に採用する人たちです。この段階で重要なことは、**「ラガードの獲得に振り回されて、既存顧客の収益性を損ねないこと」**に尽きます。ある意味、ラガードは供給者にとってはあまりよくない顧客です。口コミ力も弱く、その商品やサービスに対する予算も小さいので、コストをかけずに獲得できる範囲で対応する、という割り切りが必要になります。

この時点でよくある間違いとしては、すでに小さくなったマーケットに対して多くの競争者が参入し、営業現場から「値下げしないと獲得できません」という声が大きくなって、採算を度外視した値下げをしてしまうということがあります。

もちろん、競合他社が値下げをしてきた場合には、これまで獲得した顧客が逃げるおそれがあるため対抗値下げをしなければならないケースはあります。しかし、他社が自社顧客を奪う際には、他社も顧客獲得コストがかかること、顧客も取引コストが発生するために、必ずしも価格だけでは動かないことを考えると、即座に追随して値下げをするのは戦略上、ベストとは限らないのです。

では、この時点で何を行うべきなのか。ここでは、徹底したコスト改善を優先して行います。なぜなら、すでにサービスラインも落ち着き、仕入先・販売先も変動が少なくなってきていますから、データも収集しやすくなっていますし、いろいろなコスト改善のアイデアが生まれやすく、実行しやすいのです。原価改善を行うことで、同業他社が値下げをしてきた時に、こちらも値下げをできる余力が生まれます。

ラガードを顧客ターゲットとして無視する必要はありませんが、あくまでコストをかけずに獲得できる対象にとどめ、むしろ、これまでのコスト改善や、新しい商品・サービスアイデアにリソースを傾けた方がより、投資効率が高くなる可能性が大きいのです。

その2 現在の既存顧客のメッセージに耳を傾けすぎない（継続成長の視点）

その1では顧客のステージごとの重要キーレバーについて説明してきましたが、その2では、「既存顧客以外の声に耳を傾ける」テクニックを説明します。

顧客の声を聞きながら、マーケットと対話をしていろいろな改善を加えていくことは大事であるとマーケティングの教科書には必ず書いてあります。しかし、この方法は以下の欠点があるのです。

- **顧客の変化のスピードの方が供給側より確実に早いため、どうしても後追いになる面がある**
- **顧客は必ずしもプロではないため、実際の商品やサービスを見るまで、自分はどのようなニーズがあったのか、言葉で説明できない**
- **顧客の声とは「あったらいいな」くらいのことで、必ずしもKBFではない**
- **機能や仕様を加えれば加えるほど、これまであったコアな機能の役割がかえってぼけてしまう**
- **とくに、既存顧客のニーズに耳を傾けすぎると、どんどんマニア向けになっていって、その他の顧客の一般ニーズから離れていってしまう**

したがって、声に耳を傾けずに「誰が買うんだろう」というようなものができてしまうのは論外なのですが、とくに既存顧客の声を聞きすぎても、変な商品ができてしまうのです。

典型的なものは、たとえばシリーズ化したゲームとか、ゲーム機器です。ＲＰＧやアクションゲーム等で、〇〇２とか、××５といったようなネーミングのものがあります。このようなものは、だいたい５を超えてくるともう、マニア向けすぎて、一般顧客には向かなくなります。２とか３くらいが、バランスがいいケースが多いというのはゲームをすることがある人なら、実感していることでしょう。

この本の原稿を書いている２００８年２月現在のゲーム商戦でも、ソニーのプレイステーション３と任天堂のＷｉｉを比べると、勝ち負けは明らかです。ソニーのプレイステーション３はグラフィックでも容量でもすばらしいものがありますが、顧客にとって新しい軸がないのです。

一方、Ｗｉｉは顧客のニーズを地道に吸い上げていってもなかなか出なかった発想だと思います。それよりは、新しい遊び方を市場に提案して、それが受け入れられたことにすごさがあるのです。そして、任天堂の場合には、ファミコン、スーパーファミコン、ゲームボーイ、ニンテンドーＤＳ、Ｗｉｉとこのようなイノベーションが繰り返され、決してまぐれ当たりでないところにすごみがあります。

では、なぜ、多くの会社は既存顧客にニーズを聞きながら改善していくという漸進的アプローチを取りがちなのでしょうか。答えは簡単で、それが一番やりやすいためです。しかし、すでに買った顧客から話を聞くよりは、買わなかった顧客から話を聞いた方が効果が高いですし、まして、顧客が会社側には想像もできなかったような意見や感想を出すところに新しい顧客開拓の余地があります。

大事なことは、新しいアイデアを作って、どんどん市場に尋ねてみる、という流れを実現することです。そのためには、何度か説明しているフォーカス・グループ・インタビューや試供品の提供、地域限定サービス等が大きく役に立ちます。どうやって新しい顧客に情報を届けるか、ということを常に考えます。

ただし、この際に注意が必要なのは、新しいアイデアを顧客が欲しているということと、それにお金を払うということは、必ずしもイコールではないということです。実際に、それだったらいくら払うのか、ということが、新しい顧客層を開拓する時に重要になります。そのためには、これまでとはまったく異なる顧客層にアプローチするよりは、既存の商品・サービスですでに定評があるところの方が、顧客獲得がやりやすいのです。それは別の言い方をするとブランド（=これまでの顧客体験や信頼感への無形価値の総量）を活かす、ということにつながります。

顧客数を増やすための実証プロセス

各変数の最後として、顧客数を増やすための実証プロセスのポイントを説明していきたいと思います。

❶仮説構築

まずは、顧客の潜在数とその成長ステージのシナリオを作ります。新製品・新サービスであれば、最初から着手しますし、すでに市場投入ずみのものであれば、これまでのデータを集めるところから始めます。

そして、対象となる顧客数をざっくりと推定してしまいます。主として、以下の2つの手法があります。

① 年齢や所得、性別で切る

② これまでの実績や、競合商品で切る

①の年齢や所得、性別で切る方法は、生活必需品に使いやすい手法です。たとえば、携帯電話やインターネットサービス等は年齢層ごと、所得層ごとの普及率を考えていくと、だいたいどこまで潜在顧客があり、1年間にどのくらい成長するのかということを計算することができます。とくに、継続的に使うものに向いています。

②の方法はより単純で、これまでの類似商品で、自社の実績と他社の実績を比べて、だいたいのレンジを決めてしまう方法です。これはB2Cだけではなく、B2Bにも使えます。もちろん、そのことで市場の大きさを過小評価してしまう可能性があるかもしれませんが、「市場のことは市場に聞け」という手法の1つだと考えるとわかりやすいでしょう。

たとえば、書籍出版の場合、新書ファンのマーケットは経験則上、おおむね40万部前後と考えられています。したがって、この人たちの4人に1人が買ってくれた場合には10万部突破となるわけです。一方、100万部を超える書籍はどういうものかというと、231ページで説明したとおり、「ふだん本を買わない人まで買ってくれた時」に誕生するものです。そうすると、極端な話、たとえば50万部を超えてくると、100万部や200万部に到達するのは、マーケティング次第ですが、評判が評判を呼ぶという効果が始まって、それほど難しくないのです。

しかし、すべての新製品・新サービスがそうなるわけではありませんから、まずはどこまでいけそうかという仮説を立てます。そしてこの時にもう1つ大事なのは、時間的な軸も作ることです。いったい何カ月かけて、あるいは何年かけてその潜在顧客を獲得していくのか、それによって初期に作るメッセージも、体制も異なってきます。

逆に、この仮説が構築できないままに市場に入ることは、大変危険ですので、注意してください。このような仮説がないままに突入してヒットしたケースは、少なくとも私が経営コンサルティングや企業価値分析で取り扱ったケースではほとんどありませんでした。仮説がないところにヒットなし、ということは身に染みて感じています。

❷ 実行

実行段階に入りますと、テクニックのその1で説明してきたような、顧客ステージに応じた資源配分を行いながら、顧客数を増やしていきます。この時に最も大事なのは、「マーケットの初速」のとらえ方です。新しいものを紹介された時に、顧客候補の人が直感的にいいと思うものと、じっくりと説得して初めて買ってもらえるものには大きな差があります。

したがって、どのようなものでも、初速がいいところに顧客獲得のためのリソースを投入すべきなのです。もちろん、初速が悪いところでも、じっくりと広告宣伝や販売を行っていくことで回復できることはあります。

しかし、多くのヒット商品について、鳴かず飛ばずの段階からはい上がったということはごくまれで、小さな市場であっても、最初のうちに大きな支持を得ているところから始まるのがふつうです。つまり、**初速はある程度の潜在成長率を表す**のです。そのため、**店頭での最初の1～2週間の売上を各業界が気にするのは、当然のこと**なのです。

そしてこの段階では、自分たちの顧客獲得のステージがどの段階にあると考えているのか、どの顧客に向けてどのようなメッセージを発したのか、どのチャネルを使ったのか、どのようなオファーだったのか、それにどのタイプの顧客が反応したかということを、つぶさにデータが取れるような体制を整えます。

このようなデータ整備はＢ２Ｂは難しくないかもしれませんが、Ｂ２Ｃだと全市場に対して行うには割りが悪いかもしれません。ただ、この段階でしっかりとしたデータを集めておかないと、後で検証ができなくなり、検証ができないと、施策の打ち手が遅れたり、前から注意をしている既存顧客にとりあえず向けた過剰品質や、無意味な値下げ等が起こりがちになりますので、その予防のためにもデータ集めには注力してください。

❸検証

顧客数の検証において大事なのは、潜在市場がどのくらいの大きさなのか、そして、その潜在市場をどこまですでに食いつくしてしまったのか、という2つの要素を把握することです。

たとえば、アーリーステージでは、何もこれまでとは違ったことをしていないのにいきなり、数字がうなぎ登りになることがあります。それは、まさしく「キャズム越え」が始まったと解釈して、そこにリソースを集中して投下します。

一方、同じメッセージの広告宣伝が効きにくくなった、なんとなく顧客単価が下がってきた、価格感受性の高い顧客が増えてきたという時には、そろそろレイトマジョリティに向かってシフトが行われており、獲得のピークを越えたのかもしれません。

いずれにしても、市場の変化には逆らいにくいということを前提に、潜在市場の大きさと、そのシェアについては常に考えながら、結果を関係者で共有していく必要があります。**一番の注意点は、すでに旬が終わってしまった商品・サービスに対して過剰投資をしないことと、逆にまだまだいけるのに発売から時間がたっているものへの投資を怠ること**です。

とくに、営業現場では新製品・新サービス中心のリソース配分が行われがちですが、定番商品やロングラン商品についての気配り・検証を常に行って、まだまだ潜在市場に余裕がある時には、そういったものについても顧客獲得を継続して行うことが儲けの鍵になります。

第7章を補足するお薦めの参考文献

『イノベーションの普及』（エベレット・ロジャーズ著、翔泳社）

しばらく絶版でしたが、2007年10月に復刊しました。とくにこの邦訳は第5版を基礎にしていますので、インターネットの普及やエイズ、テロ等の拡大の仕組みが記載されています。

『キャズム』（ジェフリー・ムーア著、翔泳社）

S字カーブの中でも、とくにオピニオンリーダーからアーリーマジョリティに移る時になぜ多くの企業が失敗するのか、その失敗を繰り返さないためにはどのような戦略が必要なのか、細かく解き明かしています。

「消費動向調査」（内閣府）

http://www.esri.cao.go.jp/jp/stat/shouhi/shouhi.html

年代ごとに毎月、収入や雇用環境、耐久消費財の支出、資産の増え方、レジャー時間の増え方等、暮らし向きに関する消費者の直感をアンケート調査しています。

「家計消費状況調査」（総務省）

http://www.stat.go.jp/data/joukyou/index.html

支出費目別に世帯が何にいくら使っているのか、世帯主の地域、職業、収入、年齢別などにまとめていて、家計をイメージする時に大変役立つ資料です。

『下流社会――新たな階層集団の出現』（三浦展著、光文社）

これまで中流と考えていた多数派の中から、自分たちの生活を中流の下、あるいは下流と考える世帯が増えてきています。そのような世帯がどのような価値観を持ち、どのようなブランドや外食を好み、どのような生活像なのかを描き出しています。

『ザ・ニューリッチ――アメリカ新富裕層の知られざる実態』（ロバート・フランク著、ダイヤモンド社）

日本はだいたいアメリカの10～15年遅れの歴史といわれていますか、ここ10年でアメリカに増えた富裕層の実態について、くわしく記述しています。

『バブル再来』（ハリー・S・デント・ジュニア著、ダイヤモンド社）

ベビーブーマーが引き起こす人口動態の変化が技術革新や他のサイクルとあいまって、どのような経済変化を引き起こすのかを俯瞰しています。人口経済学の入門書としてわかりやすいです。

第8章

明日からできる行動習慣

利益の増やし方をどうやって身につけていくか

ここまで、各変数について勉強してきました。もう一度、「万能利益の方程式」を復習しましょう。

利益＝（顧客当たり単価－顧客当たり獲得コスト－顧客当たり原価）×顧客数

でしたね。したがって、利益を増やすコツをまとめると、次のようになります。

原則1 **顧客単価を1円でもバカにせずにコツコツと引き上げ、戦略のない値下げはしない**

原則2 **しっかりと顧客獲得コストを計算して、口コミ等、なるべく顧客獲得コストが安くなるチャネル・手法を活用する**

原則3 **コスト改善を地道に行って、かけるべきところにはコストをかけながら、全体コストを引き下げる**

原則4 **顧客の普及率に伴ったステージを意識し、市場と対話をしながら、施策のメリハリをつける**

第7章までは細かくコツや理論を説明してきましたが、最後の第8章では、ふだんどのように動けばそういった原則が達成できるのか、計画を立てたり戦略を考える際にいい影響を与える行動習慣をまとめて、この本を締めくくりたいと思います。

すべてのことを一度に行うことは難しいと思いますが、チェックリスト代わりにできることから始めることで、この本の中で説明してきたコンセプトやキーワード、考え方が1つでも多く、みなさんのふだんのちょっとした意思決定や施策構築の時に、「そういえば、こんなことがあったな」と思い出せるようになると、成功体験や学習効果が高まると思います。

また、自分の職場での管理範囲が限られていて、4つの変数をすべてデータも含めて視界に入れることができないという人は少なくないと思います。その場合にはたとえば簡単な方法として、アフィリエイト・ビジネスを自分のサイトやブログで試してみることも1つの手段だと思います。

商材の選び方、メッセージの出し方、顧客獲得のルートごとによる顧客獲得コストの違い、顧客単価の上げ方、顧客原価の計算方法、ユニークユーザーの増やし方等、ここで説明していることの箱庭を作ることで、1つひとつのことを実地で体験して、学ぶことができます。

私も2004年からアフィリエイト広告を実践していますが、メルマガやオーバーチュア、アドワーズ等に積極的に出稿して顧客獲得コストを確かめたり、いろいろな商材を貼ってみてそのクリックスルーレートを確認する等のさまざまな体験で、多くのことを実感することができました。

アフィリエイトビジネス自体で大きく儲けるというよりは、それを教材にして理論を1つずつ確認してみるということをお薦めします。

顧客単価を上げるための行動習慣10

最大のポイントは、顧客単価を上げることを最優先目標にする職場の風土作りです。**「戦略のない値下げは悪である」**という意識を共有することが根底として、最も大事になります。ぜひ、10の行動習慣を通じて、その意識を共有し、結果としての利益を体感してみてください。

◎基本知識の振り返り

基本知識1 顧客単価が利益に最も影響する↓P.91

基本知識2 顧客単価と潜在顧客数は相反する↓P.95

基本知識3 顧客が増えるほど、平均顧客単価は下がっていく↓P.101

基本知識4 顧客の持つニーズ、とくにコンプレックスの大きさに応じて顧客単価は決まる↓P.104

基本知識5 プライシングとは、顧客が気持ちよくお金を支払ってしまう仕組みのことである↓P.107

◎顧客単価を上げるための行動習慣10

❶ 価格に迷った時には、高めに設定すること

❷ 顧客に対する見せ方について、なるべく高い価格の競合商品だと思わせること

❸ 顧客はこちらから、高い価格を付けてくれそうな相手を積極的に選定していくこと

❹ 値下げを要求する顧客は場合によっては、見切ること

❺ 価格が高いこと＝品質保証であるという信頼を顧客に持ってもらうこと

❻松・竹・梅など複数の単価を設定して、顧客の懐に応じた価格付けを任せること
❼コンプレックスの解消を中心に、相手の上質世界の解決を目指すこと
❽月額課金等、小さくてもいいから継続的にお金が入るスキームにすること
❾自動引き落としやバンドリング等、顧客が痛みを感じずに支払う方法を作ること
❿値下げを要求された時には、分割払い等、支払い方法で問題解決にあたること

顧客獲得コストを下げるための行動習慣10

顧客獲得コストを下げるためのポイントは、「自ら顧客を積極的に選択していく」という意識です。自社に合っていない顧客は単に収益性が悪いばかりか、ブランドや商品力も傷つける可能性がありますので、商品・サービスに共感できる相手を顧客にしていく、という考え方を顧客作りの目標と考えると、わかりやすいと思います。

◎基本知識の振り返り

基本知識1 商品力が顧客獲得コストを下げる↓P.132
基本知識2 顧客を積極的に選択することが顧客獲得コストを下げる↓P.137
基本知識3 顧客獲得コストはちょっとした工夫で大きく変わる↓P.140
基本知識4 顧客の獲得も重要だが、ロイヤル顧客の維持はもっと重要である↓P.146
基本知識5 口コミは究極の顧客獲得手段である↓P.149

◎顧客獲得コストを下げるための行動習慣10

❶競合商品との商品力を顧客の視点から比較する習慣をつけること
❷どの部分の商品性が顧客に響くのか、明確な仮説を作り、実行・検証すること
❸無理な顧客獲得を行わず、自分から顧客を選定するくらいの気概を持つこと
❹周囲によい影響をもたらす良質な顧客の像を、チームで共有すること
❺常に、顧客獲得コストを計算する習慣をつけること
❻複数チャネル、複数メッセージによる顧客獲得を併用すること
❼顧客を積極的にランク付けして、ランクに応じたリソースを配分すること
❽顧客をファンとして育てる仕組みを作ること
❾常にブログ、SNS、掲示板等で自社商品を検索して評判をチェックすること

⑩顧客と最前線で接している販売員や営業員の声を共有する仕組みを作ること

顧客原価を下げるための行動習慣10

顧客原価引き下げの特徴は他の変数に比べて、全員参加型であることです。そして、とくに商品ライフサイクルが成熟期以降にさしかかった時に、最も効いてきます。「顧客原価を引き下げることが、自分たちの活動を楽にするのだ」というポジティブな姿勢で、顧客原価を引き下げる成果を上げた人を評価していく風土作りが必要だと思います。

◎基本知識の振り返り

基本知識1 原価には業種ごとの相場がある↓P.172

基本知識2 過剰な品質、過剰な設備投資、過剰な人員投資が原価高を招く↓P.175

基本知識3 価格以外の軸を原価に持ち込むと原価引き下げのアイデアが生まれる↓P.181

基本知識4　仕入先を工夫すると原価は下がる➡P.185
基本知識5　結局は地道なベンチマークが決め手になる➡P.190

◎顧客原価を下げるための行動習慣10

❶原価の引き下げは一律に行わず、必要なところにはよりコストをかけるくらいの気持ちを持つこと
❷コストの安い競合他社がいた場合には、その理由を常に探求すること
❸過剰なものは過小なものより始末が悪いと考え、とくに過剰品質を極力避けること
❹なるべく変動費にできないか、固定費の増大を防ぐ手段を考えること
❺カロリーや所要時間、納期等、価格以外の軸でコストを考え直してみること
❻顧客の需要をコントロールすることで、原価が引き下げられないか考えること
❼仕入先の開拓アイデアは、販売先の開拓と同等以上に熱心かつ創造的に行うこと
❽なるべく複数の仕入先を開拓し、組み合わせることで特定仕入先への依存度を下げること
❾常にコストのデータを集め続けること。専任担当者を置くくらいの気概が必要
❿自社の過去データや競合他社との比較を行うことで、コスト引き下げへのモチベー

ションを保ち続けること

顧客数を増やすための行動習慣10

顧客数の特徴は、他の変数に比べて、市場との関係性や競争特性等、外部要因が大きいことです。したがって、外部環境から俯瞰した場合、どこに自分たちが位置していて、どのような施策が一番効果的なのか、投資先を決めていくことが重要になります。

◎基本知識の振り返り

基本知識1 何はなくとも「S字カーブ」の法則は理解をする➡P.217
基本知識2 顧客セグメンテーションの基本はやはり年齢・性別・所得にある➡P.225
基本知識3 潜在顧客数の規模は事前にほぼ把握できる➡P.230
基本知識4 団塊世代、団塊ジュニア世代が重要である➡P.234
基本知識5 客寄せビジネスと受け皿ビジネスの両方を用意する➡P.238

◎顧客数を増やすための行動習慣10

❶自社の商品・サービスだけではなく、他社の商品・サービスや、市販されている一般的な商品・サービスについても、S字カーブのどのステージか考えるくせをつけること

❷今いる顧客のステージをとらえ、何がKBF（鍵となる購買要件）になっているか、即座に言えるようにすること

❸年齢ごとの人口分布、所得ごとの人口分布を空《そら》で言えるようにすること

❹各世代がどのような価値観を持っているのか、皮膚感覚で確認すること

❺自社の過去、競合他社の過去および現在の中で、類似した商品・サービスの最大販売量を確認すること

❻日本および主要各国、世界の人口について、だいたいの数と今後の推移を把握すること

❼団塊世代、団塊ジュニア世代のいずれかは常に、販売ターゲットとして意識をすること

❽過去の自社ヒット商品について、団塊世代、団塊ジュニア世代の購買がどのくらい

あったのか、把握すること

❾ 顧客にとって購買の敷居の低い客寄せビジネスを常に複数、用意をしておくこと

❿ 客寄せビジネスから受け皿ビジネスへの動線を設計しておくこと

★　★　★

私の説明はここまでにしたいと思います。

儲けることはしたないこと、儲けることはずるいこと、と潜在意識のどこかで感じている方は日本人の中にはまだまだ多いと思います。しかし、**儲けというのは、顧客の感謝の表れなのです**。そして、健全な儲けがないと、私たちは顧客に対して継続して品質の高い商品・サービスを提供することができません。

私たちの社会では残念ながら、一人ひとりの顧客と会話をすることはできないのですが、顧客の感謝の代理変数が金銭の支払いであり、その多寡をもって、顧客の満足度を間接的に測ることができます。つまり、商業取引は金銭を通じた顧客とのコミュニケーションなのです。

したがって、顧客をだまして不当な利益を得ることは論外ですが、1人でも多くの顧客が喜んでその商品・サービスにお金を払いたいと思ってもらえることが資本市場の中の私たちビジネスパーソンの役割であり、そのような商品・サービスが充実することで、売れない物を作るようなリソースの無駄遣いもなくなり、かつ、健全な儲けがあればそれを作るバリューチェーンの関与者も、ワークライフバランスを保った働き方ができるのです。

ここにこれまで書いてきたことは月並みだと思う人がいるかもしれません。すでにやっている、と感じる人もいるでしょう。しかし、大事なことは、1つでも多くの施策にチャレンジして、健全な儲け（＝社会の余剰が増し、自分たちも利益が出るもの）が継続して出続け、そして増えるように、顧客の喜びを増やしていくことなのです。

健全な儲けは私たちの生活を豊かにし、社会のバランスを保ちます。ぜひ、「儲けの効用」について、会社に命じられたから仕方なくするのではなく、顧客も、自分たちも、より幸せになるために一緒に追求していくことをお薦めして、この本の締めくくりとしたいと思います。

そして明日から、もっともっと、周りの人を幸せにして、どんどんその感謝を儲けという形で集めてみてください。そのことが、私たちの、そして社会全体のワークライフバランスの実現につながるのですから。

第8章を補足するお薦めの参考文献

『60分間・企業ダントツ化プロジェクト——顧客感情をベースにした戦略構築法』（神田昌典著、ダイヤモンド社）

この本で説明してきた内容を補足します。商品ライフサイクルや顧客のターゲティング、メッセージの出し方等、具体的な手法をさまざまな業種・企業のケースについて紹介しています。

『アフィリエイトでめざせ！月収１００万円——ウェブサイトでバナー広告収入を得る秘訣とは？』（あびるやすみつ著、秀和システム）

アフィリエイト広告の本としては２００４年発行とやや古い本ですが、顧客の動線をサイトから考える、いかによいデザインにして顧客価値を上げるかについて、くわしく書かれた本です。

謝辞

この本を作るにあたり、以下の方々に、大変お世話になりました。

・本の制作を2人3脚で続けてきてくれた、東洋経済新報社の編集・清末真司さん。

・いろいろアドバイスやご協力をいただいた東洋経済新報社の企画、編集、広報、校正、営業のみなさま。

・本の装丁とデザインをやっていただいた、石間淳さん。

・本のイラストを書いてくださった、上杉久代さん。

・いつも一緒に利益の研究をしてくれている、「監査と分析」の私の経営共同パートナーの上念司さん。

・企画から内容のレビューまで、お世話になった京都大学産官学連携センター寄付研究部門准教授の瀧本哲史さん。

・原稿の下読みを行って、事例の正しさや数字などを丹念にチェックしてくれた、親友で経営コンサルタントの秋山ゆかりさん。

・アンダーセン、マッキンゼーそしてチェース銀行、ＪＰモルガン証券で私を鍛えてくださった多くの先輩方。
・最後に、いつも「お仕事がんばってね」と声をかけてくれる、私の３人の娘たち。

みなさんの力がなければ、仕上げられませんでした。
本当にありがとうございました。

勝間　和代

お薦め参考文献

書名	■著者名	■出版社
解説		

第1章　利益の概念を学ぶときのお薦め参考文献

『知識資本主義』　■レスター・C・サロー著　■ダイヤモンド社

グローバリゼーションや知識集約型産業の勃興が経済をどのように変えていくのか、その中でなぜ、日本が弱っているのかを俯瞰した良書です。必読の1冊。

『勝者の代償』　■ロバート・B・ライシュ著　■東洋経済新報社

技術革新が進むほど、私たちが一所懸命に働くほど、なぜ消費者としての私たちの生活が苦しくなる面があるのか、今後、個人や社会でどのようなバランスを必要としているのか、ワークライフバランスを考える時にとても役立つ視点を提供してくれます。

第2章　利益を計算するときのお薦め参考文献

『財務会計・入門――企業活動を描き出す会社情報とその活用』　■桜井久勝・須田一幸著　■有斐閣

万能利益の方程式では必ずしも細かい財務情報は必要ありませんが、それでも、財務情報の基礎を読めるに越したことはありません。とくに、自社ではなく、他社の財務情報を読む際には公開情報から入手するため、財務情報を読めることが好ましく、この本はていねいに、かつ、やさしく、財務会計について網羅しています。

第3章　利益の上げ方を学ぶときのお薦め参考文献

『問題解決プロフェッショナル「思考と技術」』　■齋藤嘉則著　■ダイヤモンド社

仮説→実行→検証のプロセスにおいて、問題解決の手法の習得が必要になります。問題解決に関する本はいろいろ出ていますが、1冊だけ推薦しろと言われれば、やはりこの本が決定版です。

第4章　顧客単価の上げ方を学ぶときのお薦め参考文献

「民間給与の実態調査結果」　■国税庁

各世帯がどのような所得体系にあるのか、俯瞰する資料になります。

『価格優位戦略』　■マイケル・V・マーン他著　■ダイヤモンド社

マッキンゼーのプライシングに関する経験がまとまった良書です。専門的な記述が多いので、この本の内容を理解したあとで補足的に読むといいと思います。

携帯電話各社のパンフレット

どうしてあのようなたくさんの価格体系があるのか、オプションがなぜいろいろあるのか、携帯電話の本体はなぜ最初は0円で分割払いにしたがるのかなど、生きた材料です。この本で説明してきたこととぶつけて、いろいろ考えてみてください。もちろん、ベスト・プラクティスではないので、いろいろ改善の余地もありますが、その部分を一緒に考え合わせてもおもしろいです。

『誘惑される意志――人はなぜ自滅的行動をするのか』　■ジョージ・エインズリー著　■NTT出版

人間の双曲割引について理解したい人のための良書です。双曲割引を理解すると、いかに顧客の痛みを和らげながら支払ってもらうかということにアイデアがわいてきます。

『マーケティング・インタビュー―― 問題解決のヒントを「聞き出す」技術』　■上野啓子著　■東洋経済新報社

フォーカス・グループ・インタビューの手法についてくわしく記載されています。どちらかというと製品コンセプトの方の説明が中心ですが、消費者の感情の動きをどう捉えるかを考える上で参考になると思います。

インターネットを利用したグループ・インタビューのくわしい内容　■株式会社エイベック研究所

サービス名：オンライングループインタビュー（OGI）http://www.aveclab.com/ogi/3changes.html
文中で説明をしたオンライングループインタビューについて、くわしい手順や実例などが載っています。

『鈴木敏文の「統計心理学」――「仮説」と「検証」で顧客のこころを掴む』　■勝見明著　■日本経済新聞出版社

セブン-イレブンを高収益企業に導いた鈴木氏による仮説・検証による顧客との対話をわかりやすく説明した良書です。

お薦め参考文献

書名	■著者名	■出版社
解説		

『ビジネス統計学』上・下
■アミール・アクゼル、ソウンデルパンディアン・ジャヤベル著　■ダイヤモンド社

エクセルを使いながら、ビジネスに使うための統計学の初歩についてていねいに説明をしていきます。できれば、下巻の回帰分析までマスターできると、実務上では大変な武器になります。

『はじめてのS-PLUS/R言語プログラミング――例題で学ぶS-PLUS/R言語の基本』
■竹内俊彦著　■オーム社

エクセルだと大量の統計データ処理に向かないのですが、S-PLUSやRのような統計専門言語ですと、簡単なプログラムをマスターするだけで、大量のデータの処理が可能になります。とくに、Rはフリーウェアですので、お薦めです。

第5章　顧客獲得コストを下げるときのお薦め参考文献

『「みんなの意見」は案外正しい』　■ジェームズ・スロウィッキー著　■角川書店

なぜ集団の平均的な予測はエキスパートによる判断よりも正しいのか、そういった予測はどういう場合に正しく、どういう場合にはバブルのような偏りを生じてしまうのか、グーグルやミツバチの事例等を使ってわかりやすく説明しています。

『イノベーションのジレンマ――技術革新が巨大企業を滅ぼすとき』　■クレイトン・クリステンセン著　■翔泳社

なぜ、企業がまじめにマーケティングをすればするほどイノベーションが起きなくなるのか、豊富な事例を使ってそのメカニズムを説明しています。

『儲かる顧客のつくり方』　■DIAMOND・ハーバード・ビジネス・レビュー編集部編　■ダイヤモンド社

『ハーバード・ビジネス・レビュー』の論文から、顧客ロイヤリティ関連のものをまとめた書籍です。さまざまなフレームワークや実証データがあり、顧客獲得コストを考える際にとても参考になります。

『クチコミはこうしてつくられる――おもしろさが伝染するバズ・マーケティング』
■エマニュエル・ローゼン著　■日本経済新聞出版社

ネットの発達も含めて、どのような仕組みで口コミは広がっていくのか、それを意識的に行うにはどのような方法論が有効なのかを解き明かしている良書です。

『急に売れ始めるにはワケがある――ネットワーク理論が明らかにする口コミの法則』
■マルコム・グラッドウェル著　■ソフトバンククリエイティブ

なぜちょっとしたきっかけで爆発的に売れるものとそうでないものが分かれるのか、売れるものが備えてきた要件とは何か、豊富なケース・スタディを使って説明します。

『グラッサー博士の選択理論――幸せな人間関係を築くために』
■ウイリアム・グラッサー著　■アチーブメント出版

選択理論についての基本書です。主に夫婦、親子、生徒と教師等親しい間柄の人間関係について記述をしていますが、同じことを顧客に対して応用することが可能になります。

第6章　顧客原価の下げ方を学ぶときのお薦め参考文献

『イノベーションのジレンマ――技術革新が巨大企業を滅ぼすとき』　■クレイトン・クリステンセン著　■翔泳社

第5章でもあげた本です。なぜ、過剰品質が生じてしまうのか、そのメカニズムを中心に読んでください。

『イノベーションへの解――収益ある成長に向けて』
■クレイトン・クリステンセン、マイケル・レイナー著　■翔泳社

では、どうやったらイノベーションのジレンマを防ぎ、自社でもイノベーションを達成できるようになるのか、そのソリューションに向けた提案がされています。

『ブルー・オーシャン戦略――競争のない世界を創造する』
■W・チャン・キム、レネ・モボルニュ著　■ランダムハウス講談社

これまで競争の軸と考えられていなかった競争要件をどうやって把握し、これまでの血みどろの戦い（レッド・オーシャン）から抜け出して新しい価値を創造するかという方法論について、事例と共にくわしく説明しています。

書名	■著者名	■出版社
解説		

『中小企業の財務指標』 ■中小企業庁

http://www.chusho.meti.go.jp/koukai/chousa/zaimu_sihyou/index.html
中小企業82万社（製造業の場合には従業員300人以下、卸売・サービス業の場合は100人以下、小売業の場合は50人以下等）について、小分類にまでわたって、主要な財務データが記載されています。自分の部署と比較してどこにお金をかけすぎているのか、把握するのにとても参考になります。

『コピー用紙の裏は使うな！――コスト削減の真実』 ■村井哲之著 ■朝日新聞社

原価削減の何が効率がよくて経営に寄与し、どのようなコスト削減が効果がないのか、豊富な事例でわかりやすく説明します。暗いと思われがちなコスト削減が経営の根幹の１つであることを知ることができます。

第７章 顧客数を増やすときのお薦め参考文献

『イノベーションの普及』 ■エベレット・ロジャーズ著 ■翔泳社

しばらく絶版でしたが、2007年10月に復刊しました。とくにこの邦訳は第5版を基礎にしていますので、インターネットの普及やエイズ、テロ等の拡大の仕組みが記載されています。

『キャズム』 ■ジェフリー・ムーア著 ■翔泳社

Ｓ字カーブの中でも、とくにオピニオンリーダーからアーリーマジョリティに移る時になぜ多くの企業が失敗するのか、その失敗を繰り返さないためにはどのような戦略が必要なのか、細かく解き明かしています。

「消費動向調査」 ■内閣府 ■http://www.esri.cao.go.jp/jp/stat/shouhi/shouhi.html

年代ごとに毎月、収入や雇用環境、耐久消費財の支出、資産の増え方、レジャー時間の増え方等、暮らし向きに関する消費者の直感をアンケート調査しています。

「家計消費状況調査」 ■総務省 ■http://www.stat.go.jp/data/joukyou/index.html

支出費目別に世帯が何にいくら使っているのか、世帯主の地域、職業、収入、年齢別などにまとめていて、家計をイメージする時に大変役立つ資料です。

『下流社会――新たな階層集団の出現』 ■三浦展著 ■光文社

これまで中流と考えていた多数派の中から、自分たちの生活を中流の下、あるいは下流と考える世帯が増えてきています。そのような世帯がどのような価値観を持ち、どのようなブランドや外食を好み、どのような生活像なのかを描き出しています。

『ザ・ニューリッチ――アメリカ新富裕層の知られざる実態』 ■ロバート・フランク著 ■ダイヤモンド社

日本はだいたいアメリカの10～15年遅れの歴史といわれていますか、ここ10年でアメリカに増えた富裕層の実態について、くわしく記述しています。

『バブル再来』 ■ハリー・Ｓ・デント・ジュニア著 ■ダイヤモンド社

ベビーブーマーが引き起こす人口動態の変化が技術革新や他のサイクルとあいまって、どのような経済変化を引き起こすのかを俯瞰しています。人口経済学の入門書としてわかりやすいです。

第８章 「明日からできる行動習慣」を実践するためのお薦め参考文献

『60分間・企業ダントツ化プロジェクト――顧客感情をベースにした戦略構築法』
■神田昌典著 ■ダイヤモンド社

この本で説明してきた内容を補足します。商品ライフサイクルや顧客のターゲティング、メッセージの出し方等、具体的な手法をさまざまな業種・企業のケースについて紹介しています。

『アフィリエイトでめざせ！月収100万円――ウェブサイトでバナー広告収入を得る秘訣とは？』
■あびる やすみつ著 ■秀和システム

アフィリエイト広告の本としては2004年発行とやや古い本ですが、顧客の動線をサイトから考える、いかによいデザインにして顧客価値を上げるかについて、くわしく書かれた本です。

著者紹介

東京都生まれ．経済評論家（兼公認会計士）．

慶応義塾大学商学部卒業．早稲田大学ファイナンスＭＢＡ．

現在，早稲田大学大学院商学研究科博士後期課程在学中．

19歳で，当時史上最年少の公認会計士２次試験を突破．

在学中より監査法人に勤務，アーサー・アンダーセン，マッキンゼー，チェース銀行およびＪＰモルガン証券等を経て，経済評論家として独立．

内閣府男女共同参画会議「仕事と生活の調和に関する専門調査会」専門委員．

2005年ウォール・ストリート・ジャーナルから「世界の最も注目すべき女性50人」に選ばれる．

2006年エイボン女性大賞を史上最年少で受賞．３児の母．

著書として，『無理なく続けられる年収10倍アップ勉強法』『無理なく続けられる年収10倍アップ時間投資法』『勝間和代のインディペンデントな生き方 実践ガイド』（ともにディスカヴァー・トゥエンティワン），『決算書の暗号を解け！』（ランダムハウス講談社），『お金は銀行に預けるな——金融リテラシーの基本と実践』（光文社），『効率が10倍アップする新・知的生産術——自分をグーグル化する方法』（ダイヤモンド社）等がある．

個人ブログ
私的なことがらを記録しよう!!　http://kazuyomugi.cocolog-nifty.com/

勝間式「利益の方程式」

2008年４月17日　発行

著　者　勝間和代《かつまかずよ》
発行者　柴生田晴四
〒103-8345
発行所　東京都中央区日本橋本石町1-2-1　東洋経済新報社
電話　東洋経済コールセンター03(5605)7021　振替00130-5-6518
印刷・製本　廣済堂

Printed in Japan　ISBN 978-4-492-55606-1　http://www.toyokeizai.co.jp/